Mishael Chua

Grüne Strassenbeleuchtung für die Schweiz

Mishael Chua

Grüne Strassenbeleuchtung für die Schweiz

Evaluation des Marktpotentials von autonomen solar- und windbetriebenen Strassenbeleuchtungen in der Schweiz

Lehrbuchverlag

Cover image: www.ingimage.com

Publisher:
Der Lehrbuchverlag
is a trademark of
International Book Market Service Ltd., member of OmniScriptum Publishing Group
17 Meldrum Street, Beau Bassin 71504, Mauritius

Printed at: see last page
ISBN: 978-620-2-49072-6

Zugl. / Approved by: Zürich, HWZ, Diss., 2015

MANAGEMENT SUMMARY

Die vorliegende Arbeit evaluiert das Potential eines Schweizer Markterfolges für die *nheohybrid 400 LED Street Light (nheohybrid 400)*, eine autonome Strassenbeleuchtung, die ihren Eigenbedarf an Elektrizität durch Wind- und Solarenergie deckt. Die Firma *Koinmo GmbH* möchte das Produkt von dem chinesischen Hersteller in die Schweiz importieren, wofür sie die exklusiven Rechte erhalten hat.

Die durchgeführten Analysen zeigen, dass mit dem Verkauf der *nheohybrid 400* für die *Koinmo GmbH* ein profitabler Geschäftsfall vorliegt. Auch für potentielle Kunden stellt die *nheohybrid 400* ein ökologisch und ökonomisch rentables Produkt dar. Dies trifft insbesondere dann zu, wenn sich in der Nähe des geplanten Installationsortes keine Anschlussmöglichkeit an das lokale Stromnetz bietet. Qualitative Expertenbefragungen haben ergeben, dass ein ausfallfreier Betrieb essenziell ist, damit allgemein eine Strassenbeleuchtung überhaupt in Erwägung gezogen wird. Die *nheohybrid 400* kann diese Bedingung in vielen Orten der Schweiz erfüllen. Entscheidend ist, dass das Produkt an die vorherrschenden Wetterverhältnisse angepasst und dass Modifikationen in Bezug auf das Design arrangiert werden können. Dabei soll der Wartungsaufwand für die Betreiber der *nheohybrid 400* so tief wie möglich bleiben. Für die Positionierung ist zusätzlich relevant, dass Abnehmer der *nheohybrid 400* in der Schweiz finanzielle Unterstützungen durch staatliche Vergütungen oder mittels Sponsoring Engagements erhalten können.

Aus den Analysen wurden folgende Handlungsempfehlungen für die *Koinmo GmbH* abgeleitet: Erstens soll die *Koinmo GmbH* vorerst nur als Vertriebspartner in der Schweiz agieren und kein eigenes Lager für die Distribution in der Schweiz aufbauen. Wegen den regionalen Wetterverhältnissen und lokalen Bedürfnissen in der Schweiz ist es sinnvoll, wenn die Produkte direkt vom Hersteller in China, gemäss Kundenpräferenzen, produziert werden. Zweitens soll die *Koinmo GmbH* Wartungen für die Produkte gewährleisten können. Drittens soll der Verkauf über unabhängige Energieberater oder über grössere Elektrizitätswerke abgewickelt werden, da diese bereits im Markt etabliert sind. Viertens sollen die potentiellen Kunden unbedingt auf existierende staatliche und nicht-staatliche Fördermassnahmen hingewiesen werden.

Die Handlungsempfehlungen wurden an die *Koinmo GmbH* abgegeben und mit dem Geschäftsführer diskutiert. Diese wurden positiv aufgenommen und Bestandteile der Strategien wurden bereits implementiert. Mit einer klaren Strategie und konsequenter Umsetzung sollte es für die Firma *Koinmo GmbH* möglich sein, das bestehende Marktpotential zu nutzen, um die *nheohybrid 400* erfolgreich auf dem Schweizer Markt zu positionieren.

INHALTSVERZEICHNIS

MANAGEMENT SUMMARY I
INHALTSVERZEICHNIS II
VORWORT VIII
GLOSSAR IX
1 EINLEITUNG 1
1.1 Ausgangslage 2
1.2 Zentrale Fragestellungen 3
1.3 Zielsetzungen, inhaltliche Abgrenzung 3
1.4 Methodische Vorgehensweise 4
1.5 Gliederung der Arbeit 4
2 THEORETISCHER TEIL 6
2.1 Der Zweck von öffentlichen Beleuchtungen 7
2.2 Allgemeines über Energie 8
2.2.1 Das Phänomen Energie 8
2.2.2 Die Einheiten für Energie 8
2.3 Windenergie 9
2.3.1 Definition von Windenergie 9
2.3.2 Entstehung und Arten von Winden 9
2.3.3 Technologien der Windenergie 10
2.3.4 Planung von Windkraftanlagen 11
2.3.5 Messdaten für Windenergie 12
2.4 Photovoltaik 12
2.4.1 Definition von Photovoltaik 13
2.4.2 Die Sonne als Energiequelle 13
2.4.3 Technologie der Photovoltaik 13
2.4.4 Planung von photovoltaischen Anlagen 14
2.4.5 Messdaten für Sonnenergie 15
2.4.5.1 Wichtige Parameter von geografischen Informationssystemen für die Planung von photovoltaischen Anlagen 15
2.4.5.2 Messdaten von Meteonorm für photovoltaische Anlagen 18
2.4.5.3 Das Berechnungsinstrument von PV-Calculator.ch 18
2.5 Das Produkt der Firma Koinmo GmbH 19

2.5.1 Allgemeines zum Unternehmen und dem Produkt ... 19
2.5.2 Produktspezifikationen ... 19
2.5.3 Qualitätsgewährleistung, Kosten, Zahlungsfristen und Transport ... 20
2.5.4 Lebenszyklus der Strassenbeleuchtung ... 21
2.6 Wesentliche Voraussetzungen und Richtlinien in der Schweiz für wind- und solarbetriebene Anlagen ... 21
2.6.1 Umweltpolitik im Allgemeinen ... 21
2.6.2 Eidgenössisches Departement für Umwelt, Verkehr, Energie und Kommunikation ... 22
2.6.3 Die Bundesämter für Umwelt und für Energie im Zusammenhang mit Strassenbeleuchtungen ... 22
2.6.3.1 Kostendeckende Einspeisevergütung ... 23
2.6.3.2 Einmalvergütungen ... 24
2.6.3.3 Mehrkostenfinanzierungen ... 24
2.6.4 Einschränkungen in der Schweiz für den Betrieb von Strassenbeleuchtungen, PV- und Windkraftanlagen ... 24
2.6.5 Stiftungen und Sponsoring ... 25
2.6.5.1 Stiftungen ... 25
2.6.5.2 Sponsoring ... 25
2.6.6 Die Marke Schweiz im Zusammenhang mit der gesellschaftlichen Haltung gegenüber ausländischen Produkten ... 26
2.7 Entscheidungs- und Berechnungsmethoden zu Preispolitik und Unternehmenswert ... 27
2.7.1 Preispolitik ... 27
2.7.1.1 Grundlagen der Preispolitik ... 28
2.7.1.2 Preisabsatzfunktion und Preiselastizität ... 28
2.7.1.3 Berechnungsmethoden ... 29
2.7.2 Analyse des Unternehmenswertes mit der Discounted Cashflow Methode ... 30
2.7.3 Kostenvergleich ohne Liquidationserlös mit dem statischen Rechenverfahren ... 32
2.8 Strategische Analysen ... 33
2.8.1 Das Neue St. Galler Management-Modell ... 34
2.8.1.1 Analyse der Umweltsphären ... 35
2.8.1.2 Anspruchsgruppen und Interaktionsthemen ... 36
2.8.2 Branchenstrukturanalyse mit dem Fünf-Kräfte-Modell von Porter ... 37
2.8.3 Analyse der kritischen Erfolgsfaktoren ... 39
2.8.4 Marktforschungsmethoden zur Evaluierung des Marktpotenzials ... 39
2.8.5 Die SWOT-Analyse für eine strategische Planung ... 41

2.9 Zwischenfazit und Bildung der Hypothese 44
3 METHODISCHE VORGEHENSWEISE 45
3.1 Forschungsfragen und Hypothesen 46
3.2 Methodenwahl 47
3.3 Methodische Vorgehensweise 47
3.4 Festlegungen der zu verwendenden Berechnungen 48
3.5 Festlegung der zu verwendenden Analysemodellen 48
3.6 Festlegungen der zu verwendeten Umfragen 48
3.7 Festlegung der Experten für die Befragungen 48
3.7.1 Fragebogen für die Befragung des Geschäftsführers von Koinmo GmbH 50
3.7.2 Fragebogen für die allgemeinen Befragungen von Experten aus den Gemeinden 50
3.7.3 Fragebogen für die Befragung des Experten von der Gemeinde Egg bei Zürich 51
3.7.4 Fragebogen für die schriftliche Befragung von Experten zum Thema Sponsoring der Raiffeisen 51
3.7.5 Leitfaden für die telefonische Befragung eines Energieberaters 51
3.7.6 Leitfaden für die persönliche Befragung des Experten von der Klimastiftung Schweiz 52
3.8 Zwischenfazit 53
4 PRAKTISCHER TEIL 54
4.1 Berechnungen als Grundlagen für die Analysen 55
4.1.1 Preissetzung für das Produkt der Koinmo GmbH 55
4.1.2 Berechnung des Unternehmenswert mit der DCF-Methode über zehn Jahre 55
4.1.3 Kostenvergleich der jährlichen Gesamtkosten zwischen dem Produkt der Firma Koinmo GmbH mit einem Konkurrenzprodukt mittels Statistischem Rechenverfahren 58
4.2 Analyse der Umweltsphären gemäss dem Neuem St. Galler Management-Modell 60
4.2.1 Gesellschaft 60
4.2.1.1 Gesellschaftliche Haltung gegenüber nicht-schweizerischen Produkte 60
4.2.1.2 Gesellschaftliche Haltung bezüglich Erneuerbaren Energien 61
4.2.1.3 Gesellschaftliche Haltung bezüglich Ästhetik bei Strassenbeleuchtungen 61
4.2.2 Natur 62
4.2.3 Technologie 65
4.2.4 Wirtschaft 65
4.2.4.1 Staatliche Förderungsmassnahmen 66
4.2.4.2 Nicht-staatliche Förderungsmassnahmen durch Sponsoring und Stiftungen 66

4.3 Analyse der Anspruchsgruppen und ihrer Interessen gemäss dem Neuem St. Galler Management-Modell ... 67
4.3.1 Interesse für den Eigentümer und potentielle Investoren ... 68
4.3.2 Interesse des Lieferanten ... 69
4.3.3 Interesse der Kunden ... 69
4.3.3.1 Sicherheit vor Ausfällen ... 69
4.3.3.2 Gutes Preis-Leistungs-Verhältnis ... 69
4.3.3.3 Geringe Aufwände für Betrieb und Wartungen ... 70
4.3.3.4 Berücksichtigung von Lärm- und Lichtemissionen ... 70
4.3.3.5 Unterstützung durch das lokale Elektrizitätswerk muss gewährleistet sein ... 70
4.3.3.6 Kein Ziel für Vandalismus ... 70
4.3.3.7 Beitrag zur ökologischen Nachhaltigkeit ... 71
4.4 Branchenstrukturanalyse mit dem Fünf-Kräfte-Modell ... 71
4.4.1 Die Verhandlungsstärke der Abnehmer ... 71
4.4.2 Die Verhandlungsstärke der Lieferanten ... 71
4.4.3 Die Bedrohung durch neue Konkurrenten ... 71
4.4.4 Die Bedrohung durch Substitutionsprodukte ... 72
4.4.5 Rivalität unter den Wettbewerbern ... 72
4.5 Festlegung der Kritischen Erfolgsfaktoren für die nheohybrid 400 ... 72
4.5.1 Auflistung der potentielle Erfolgsfaktoren ... 72
4.5.2 Selektion der kritischen Erfolgsfaktoren ... 73
4.6 SWOT-Analyse zur Evaluierung des Potentials eines Markterfolgs ... 73
4.6.1 Identifizierung der Stärken, Schwächen, Chancen und Risiken ... 74
4.6.2 Kombinierung der Stärken und Schwächen mit den Chancen und Risiken ... 74
4.6.2.1 Kombinierungen für SO-Strategien ... 75
4.6.3 Kombinierungen für ST-Strategien ... 75
4.6.3.1 Kombinierungen für WO-Strategien ... 76
4.6.3.2 Kombinierungen für WT-Strategien ... 76
4.6.4 Entwicklung der SWOT-Strategien ... 76
4.7 Zwischenfazit ... 78
5 SCHLUSSFOLGERUNGEN UND EMPFEHLUNGEN ... 79
5.1 Beantwortung der Forschungsfragen und Prüfung der Hypothesen ... 80
5.2 Handlungsempfehlungen für Koinmo GmbH ... 83
5.3 Kritische Reflexion ... 84
5.4 Schlusswort ... 85

6 ANHANG 87
6.1 Quellenverzeichnis 88
6.2 Übrige Verzeichnisse 91
6.2.1 Abkürzungsverzeichnis 91
6.2.2 Tabellenverzeichnis 92
6.2.3 Abbildungsverzeichnis 92

VORWORT

In einer Gesellschaft, die sich immer mehr für eine ökologisch-nachhaltige Umwelt engagiert, ist das Fundament für Technologien gelegt, die auf erneuerbarer Energien basieren oder die verwendete Energie effizient einsetzen. Auch in der Schweiz ist dieser Trend spürbar. Entsprechend handeln der Staat, und auch vermehrt einzelne Unternehmen, in diesem Sinne und unterstützen Projekte oder Produkte, die sich positiv auf den Energieverbrauch in der Schweiz auswirken.

Davon ausgehend, möchte die Schweizer Firma *Koinmo GmbH* nun eine Strassenbeleuchtung auf den Schweizer Markt bringen, die nicht nur die ökologische Nachhaltigkeit fördert, sondern auch zur Sicherheit im Strassenverkehr beiträgt. Die Strassenbeleuchtung generiert ihren eigenen Strombedarf aus Solar- und Windenergie mittels einer Windturbine und einem Solarmodul. Die Komponenten sollen sich ergänzen, damit ein dauerhafter Betrieb ohne Ausfälle ermöglicht wird. Diese Eigenschaft erlaubt es dem Produkt autonom, also ohne Anbindung an ein lokales Stromnetz, zu funktionieren. Die *Koinmo GmbH* möchte dafür zuerst prüfen, ob überhaupt ein Potential für einen Markterfolg in der Schweiz existiert, bevor Investitionen getätigt werden. Die Problemstellung muss aus einer ökonomischen, ökologischen, gesellschaftlichen und auch politischen Perspektive betrachtet werden. Diese Ausgangslage führte zu dieser Bachelorthesis.

An dieser Stelle, möchte ich mich bei den folgenden Personen herzlichst bedanken:

- Kim Khim Chua, der Geschäftsführer von *Koinmo GmbH,* der durch eine intensive Zusammenarbeit, diese Studie überhaupt ermöglicht hat.
- Marius Sahli für seine Unterstützung bei der Herangehensweise und bei den betriebswirtschaftlichen Themen.
- Alle Teilnehmer der durchgeführten Befragungen, die einen wesentlichen Beitrag geleistet haben, dass alle wichtigen Aspekte dieser Thematik abgedeckt werden konnten.
- Die Lektoren Prisca Chua, Benjamin Martinez Newman und Nicolas Koch, die durch ihr unermüdliches Durchlesen und ihren konstruktiven Rückmeldungen dazu beigetragen haben, dass diese Arbeit in dieser Qualität vollendet werden konnte.

GLOSSAR

Barwert	Der Wert, den eine Ein- oder Auszahlung zum Zeitpunkt ihres Anfalls hat.
Cashflow	Nettozufluss der liquiden Mittel während einer Periode
Discounted Cashflow (DCF)	Methode zur Berechnung des Unternehmwertes.
Fünf-Kräfte-Modell	Branchenstrukturanalyse von Michael E. Porter.
Free Cashflow	Cashflow abzüglich Investitionen und addierten Desinvestitionen
Koinmo GmbH	Das Unternehmen, welches das Produkt nheohybrid 400 LED Street Light in der Schweiz auf den Markt bringen möchte.
LED Speedstar	LED Speedstar (8m Kandelaber): Moderne Strassenbeleuchtung, die von der Gemeinde Egg bei Zürich eingesetzt wird, aber noch an das örtliche Stromnetz angeschlossen werden muss.
MACH Consumer	Schweizer Konsum-Medien-Studie, welche von der Organisation WEMF durchgeführt wurde.
nheohybrid 400	nheohybrid 400 LED Street Light: Produktbezeichnung für die hybride Strassenbeleuchtung, die in dieser Arbeit analysiert wird.
Photovoltaik	Umwandlung von Sonnenlicht in elektrische Energie.
Photovoltaische Anlagen (PV-Anlagen)	Installationen, welche die Sonnenenergie in elektrische Energie umwandeln.
Neues St. Galler Management Modell	Analysemodell der Universität St. Gallen (HSG)
Swissness Worldwide Studie	Studie von der Universität St. Gallen über die Marke „Schweiz"
SWOT Analyse	Analyse der Stärken, Schwächen, Chancen und Risiken eines Produktes, Dienstleistung oder einer Organisation.
Watt (W)	Internationales Einheitssystem für Leistung.
Wattsekunde (Ws) und Wattstunde (Wh)	Einheitssysteme für elektrische Energie. Eine Anlage, mit einer Leistung von 100W, kann in einer Stunde Energie von 500Wh generieren.
Zhangzhou Neholis Technology Co. LTD	Chinesischer Hersteller der die nheohybrid 400 LED Street Light herstellt

1 EINLEITUNG

1.1 Ausgangslage

Strassenbeleuchtungen tragen zur Sicherheit im Strassenverkehr bei und helfen Unfälle mit Motorfahrzeugen, Fussgängern und Radfahrern zu vermeiden. In der Schweiz ist es jedoch sehr teuer einzelne Strassenbeleuchtungen mit neuer Verkabelung, zur Anschliessung ans örtliche Stromnetz, zu installieren. Durch die Nutzung von erneuerbarer Energien, welche in Batterien abgespeichert wird, ist keine Anbindung an ein örtliches Stromnetz mehr nötig. Somit könnten die Kosten für die Inbetriebnahme und für den Betrieb gesenkt werden. Durch den Einsatz von moderner LED Technologie, werden auch Emissionen minimiert, was einen zusätzlichen ökologischen Nutzen darstellt.

Ein solches Produkt möchte das schweizerische Einzelunternehmen *Koinmo GmbH* im Schweizer Markt einführen. Das Unternehmen hat sich auf die Einführung von hochwertigen Produkten aus Asien nach Europa spezialisiert. In Zusammenarbeit mit dieser Firma wird in dieser Studie der Schweizer Markt analysiert, um das Potential für solche autonomen und hybriden Strassen-beleuchtungen zu evaluieren. Dabei soll sowohl das Marktpotential, als auch die ökonomische und ökologische Rentabilität eines solchen Produktes in der Schweiz, eruiert werden.

Die Strassenbeleuchtung, welche die *Koinmo GmbH* einführen möchte, wird in China von der Firma *Zhangzhou Neholis Technology Co., LTD* hergestellt. Da der Einkaufspreis bei diesem Produkt höher liegt, als bei alternativen Lösungen, die noch an das örtliche Stromnetz angeschlossen werden müssen, sollten sie primär bei noch unbeleuchteten Strassen, Wegen, Pfaden, öffentlichen Plätzen, Parkplätzen und Firmengeländen zum Einsatz kommen, um Installationskosten zu sparen.

Diese Arbeit beinhaltet zum einen, theoretische Grundlagen zum Verständnis der Technologien, die durch die Strassenbeleuchtung zum Einsatz kommen und zum anderen, diverse Berechnungs-methoden und Analysen, welche für die Evaluierung des Marktpotentials verwendet werden. Zentral sollen dafür die Faktoren ermittelt werden, welche einen Einfluss auf den potentiellen Markterfolg haben könnten. Diese Aspekte sollen neben den Analysen auch mittels Befragungen von Experten und dem Geschäftsführer der *Koinmo GmbH* ermittelt werden. Abhängig von den Befunden, die diese Arbeit liefern wird, kann diese Studie als Grundlage für einen späteren Businessplan dienen und ist deshalb vertraulich zu behandeln.

1.2 Zentrale Fragestellungen

Die Arbeit baut auf den folgenden zentralen Fragestellungen auf:

- Welche Aspekte aus der Umweltsphäre haben einen Einfluss auf den Markterfolg des Produktes?
- Welche Anspruchsgruppen sind für die Produkte besonders wichtig und welche Interessen und Ziele verfolgen sie?
- Welche Faktoren sind für den potentiellen Markterfolg besonders kritisch?
- Wie rentabel ist das Produkt aus einer betriebswissenschaftlichen Sicht?
- Welchen ökologischen Nutzen weist das Produkt tatsächlich auf?

1.3 Zielsetzungen, inhaltliche Abgrenzung

Das Ziel der Arbeit ist die Analyse von Primär- und Sekundardaten, um das Marktpotential von solar- und windbetriebenen Strassenbeleuchtungen der Firma *Koinmo GmbH* aufzuzeigen. Es werden keine Marketingmassnahmen für den Markteintritt definiert, sondern nur Faktoren für die strategische Planung für das Unternehmen aufgezeigt. Der chinesische Hersteller wird in dieser Arbeit nicht weiter berücksichtig, wohl aber die Tatsache, dass das Produkt in China hergestellt wird. Das Einzelunternehmen *Koinmo GmbH* wird nur soweit vertieft, wie es für den Inhalt dieser Studie relevant ist. Obwohl der asiatische Hersteller anhand von Kundenwünschen unterschiedliche Produktanpassungen vornehmen kann, werden sich die Analysen auf ein einzelnes Modell mit spezifischer Konfiguration beschränken:

- Produktbezeichnung: nheohybrid 400 LED Street Light
- Windturbine: nheowind 3D04
- LED: 40W

Fortlaufend wird das hier erläuterte Produkt in der Arbeit nur noch als *nheohybrid 400* oder als das Produkt der *Koinmo GmbH* angegeben, um redundante Beschreibungen zu vermeiden.

Im Rahmen dieser Arbeit wird ausserdem darauf verzichtet, detailliert auf die Technologien von LED und Batterien einzugehen, weil dieses Wissen für diese Studie nicht relevant ist. Beide Technologien werden aber mit ihren, für die Evaluierung des Marktpotentials relevanten Eigenschaften, berücksichtigt.

1.4 Methodische Vorgehensweise

Um die zentralen Fragestellungen zu beantworten und den potentiellen Markterfolg für die *nheohybrid 400* in der Schweiz zu evaluieren, wird folgende Methodik, im Sinne einer Marktforschung, angewandt:

1. Als Basis werden zuerst diverse Berechnungen durchgeführt. Es wird die DCF-Methode angewandt, um den Unternehmenswert, bezogen auf das Produkt, herauszufinden. Mittels Kostenvergleich soll eruiert werden, ob für potentielle Kunden das Produkt eine ökonomisch sinnvolle Investition ist. Um diese beiden Verfahren anzuwenden, wird unter Berücksichtigung von preispolitischen Aspekten, ein Preis für die Strassenbeleuchtung festgesetzt.
2. Dann werden die Umweltsphären und Anspruchsgruppen mit ihren Interessen und Zielen mithilfe des neuen St. Galler Management-Modells identifiziert. Das Ziel dabei sind externe relevante Faktoren, die einen Einfluss auf den Markterfolg haben könnten, zu bestimmen.
3. Darauf folgend werden die, für die *nheohybrid 400* relevanten Branchen, mit dem Fünf-Kräfte-Modell von Porter analysiert, um weitere wichtige externe, aber auch interne Faktoren zu ermitteln.
4. Mit der KEF-Methode werden die kritischen Erfolgsfaktoren, bezogen auf das Produkt, sondiert. Diese zeigen die Stärken des Produktes auf, die massgebend für einen möglichen Markterfolg sind.
5. In einer SWOT-Analyse werden letztendlich die Ergebnisse aller Berechnungen und Analysen einfliessen, um strategische Optionen für einen Markteintritt und deren Umsetzbarkeit aufzuzeigen.

1.5 Gliederung der Arbeit

Der theoretische Teil ist in acht Teile, von Kapitel 2.1 bis 2.8, gegliedert. Als Einstieg wird zuerst der Zweck von öffentlichen Beleuchtungen erläutert, um die Bedeutung und den Nutzen von Strassenbeleuchtungen aufzuzeigen. In den darauf folgenden drei Unterkapiteln wird Energie im Allgemeinen und danach die Wind- und Solarenergie detaillierter beschrieben. Nachdem die Grundlagen gelegt worden sind, um die autonome und hybride Strassenbeleuchtung zu verstehen, wird das Produkt selber erklärt. Als nächstes werden die wesentlichen Voraussetzungen, relevante Regulierungen und staatliche wie auch nicht-staatliche Förderungsoptionen für neue Strassenbeleuchtungen und Anlagen in der Schweiz, die auf Wind- und Solarenergie basieren, aufgezeigt. Zuletzt werden die Berechnungsmethoden und Analyse-Modelle vertieft, die im praktischen Teil verwendet wurden, um den potentiellen Markterfolg aufzuzeigen oder zu widerlegen.

Im methodischen Teil der Arbeit werden zuerst die Forschungsfragen und Hypothesen gebildet. Danach wird erklärt wie vorgegangen wird, um diese Hypothesen zu beweisen. Als nächstes wird erklärt, welche Berechnungsmethoden, Analyse-Modelle und bestehende Umfragen dafür verwendet werden und die Auswahl begründet. Zuletzt wird auf die Expertenbefragung eingegangen. Es wird aufgezeigt, wer die Experten sind und wieso sie ausgewählt wurden. Ebenfalls werden die Leitfäden für die persönlichen Interviews und die Fragebogen für die schriftlichen Interviews erklärt.

Der praktische Teil beinhaltet zuerst die durchgeführten Berechnungen, als Grundlage für die darauffolgenden Analysen. Als eine erste Analyse wird das St. Galler Management-Modell, als zweites das Fünf-Kräfte-Modell, danach die KEF-Methode und schlussendlich die SWOT-Analyse angewandt.

Im letzten Kapitel werden die Befunde aus der Theorie und Empirie zusammengeführt und für die Beantwortung der Forschungsfragen interpretiert. Im Zentrum von diesem Diskurs steht die Evaluierung des Potentials für einen Markterfolg von autonomen solar- und windbetriebenen Strassenbeleuchtungen in der Schweiz. Daraus abgeleitet werden Handlungsempfehlungen für die *Koinmo GmbH* aufgezeigt in Bezug auf die Einführung von solchen Lösungen.

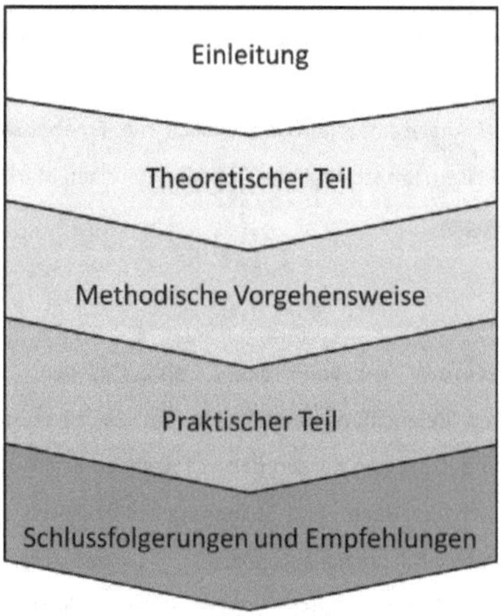

Abbildung 1: Gliederung der Arbeit

2 THEORETISCHER TEIL

Um die Funktionsweise des Produktes der Firma *Koinmo GmbH* zu verstehen, sollen in diesem Teil der Arbeit zuerst die Grundlagen über Strassenbeleuchtungen, sowie die Technologien, auf denen das Produkt basiert, vermittelt werden. Nachdem im Einstieg erklärt wird, wieso Strassenbeleuchtungen überhaupt benötigt werden, wird sich der Fokus auf die Technologien der Solar- und der Windenergie richten. Anschliessend wird das Produkt erläutert und die Firma, welche dieses in der Schweiz vertreibt, vorgestellt.

Ein weiterer Schwerpunkt dieses Teils stellen die politischen und gesellschaftlichen Voraussetzungen dar, welche sich in der Form von Regulierungen oder Fördermöglichkeiten, positiv oder negativ auf den Markterfolg des Produktes, der *Koinmo GmbH* auswirken können. Als Abschluss des Kapitels werden anschliessend die theoretischen Grundlagen der Preisfindungspolitik erläutert, sowie die Methoden, welche für die Evaluierung des Markterfolges verwendet werden können.

2.1 Der Zweck von öffentlichen Beleuchtungen

Öffentliche Beleuchtungen erfüllen diverse Aufgaben:

- Sie gewährleisten die Verkehrssicherheit für alle Verkehrsteilnehmer in den Dunkelstunden. Davon betroffen sind primär Motorfahrzeuge, Fussgänger und Radfahrer.
- Beleuchtungen unterstützen die öffentliche Sicherheit und Ordnung. Da potentielle Gefahren frühzeitig erkannt werden können, vermitteln Beleuchtungen ein Sicherheitsgefühl.
- Durch Gestaltung mit Licht steigert sich die Attraktivität ihrer Umgebung, da sich dies positiv auf die Kommunikationsbereiche auswirkt. Davon profitieren insbesondere Fussgängerzonen, Einkaufs- und Einrichtungsbereiche, öffentliche Plätze und Brücken (VDN, LiTG 2009: 15).

Diese definierten Aufgaben der öffentlichen Beleuchtung, werden von Ris, einem diplomierten Elektroingenieur und Chefredaktor der renomierten Fachzeitschrift *Elektrotechniker* in einem von ihm veröffentlichten Fachbericht gestützt. Gemäss seinem Fachbericht, welcher im Jahre 2006 publiziert wurde, werden über das Auge 80% aller Sinneseindrücke erfasst. Somit ist die optische Wahrnehmungsfähigkeit, der wichtigste Sinn, für die menschliche Orientierung. In der Nacht reduziert sich die Sehschärfe auf nur 3% bis 30% und als Folge können Oberflächen, Fahrbahnen, Hindernisse, Störungen und andere Verkehrsteilnehmer schlechter erkannt werden. Öffentliche Beleuchtungen wirken diesem Effekt entgegen und fördern mit ihrem Licht die Sicherheit und Ordnung auf den Strassen, in dem sie die visuelle Wahrnehmungsfähigkeit von Personen steigern. Beleuchtungen dienen deswegen zusätzlich als Schutz vor Kriminalität und Vandalismus und steigern die Lebensqualität, Urbanität, visuelle Kommunikationsmöglichkeiten und Attraktivität von Wohn- und Geschäftsbereichen (Ris 2006: 8).

Basierend auf dem Technical Report 8/2 der Internationalen Beleuchtungskommission (CIE), zeigt Ris auf, dass gut geplante Strassenbeleuchtungen sich positiv auf Verkehrsunfälle Innerorts auswirken:

- Unfälle mit Verunfallten: –20%
- Unfälle mit Getöteten: –55%
- Unfälle mit Fussgängern: –50%

Gemäss Ris (2006) starben im Jahr 1965 1'365 Personen in Verkehrsunfällen. Damals waren 1'216'473 Motorfahrzeuge immatrikuliert gewesen. Im Vergleich dazu starben im Jahr 2005 weniger als 500 Personen bei 4'900'000 zugelassenen Motorfahrzeugen. Während sich also die Zahl der Motorfahrzeuge vervierfacht hatte, nahm die Anzahl tödlicher Verkehrsunfälle um den Faktor 2.7 ab. Ris vermutet in seinem Fachbeitrag, dass einer der Faktoren für diese äusserst positive Entwicklung, die verbesserte öffentliche Beleuchtung sei (Ris 2006: 8).

2.2 Allgemeines über Energie

Wie im letzten Kapitel aufgezeigt wurde, haben Strassenbeleuchtungen einen positiven Effekt auf die Sicherheit im Strassenverkehr. Um aber eine Strassenbeleuchtung betreiben zu können, braucht es elektrische Energie. In diesem Kapitel wird darum eine grobe Grundlage über Energie vermittelt.

2.2.1 Das Phänomen Energie

Der Begriff Energie entstammt aus dem griechischen Wort *energeia* und bedeutet so viel wie „die wirkende Kraft" oder „das Treibende". Gemäss Brücher (2009), lässt sich Energie als gespeicherte Arbeit beschreiben, womit die Fähigkeit erlangt wird wiederum Arbeit zu leisten. Wärme, Licht, Bewegung, Elektrizität, chemische Energie und Kernenergie stellen allesamt Formen von Energie dar. Abgesehen von der Kernenergie, können alle diese Formen in der Natur vorgefunden werden. Diese werden Energieträger oder Energiequellen genannt und dabei werden zwischen erneuerbaren und nicht-erneuerbaren Energieträgern unterschieden. Wie angedeutet können jegliche Arten von Energien direkt genutzt, oder auch in Medien gespeichert werden, um diese zu einem späteren Zeitpunkt abzurufen (Brücher 2009: 19).

In dieser Arbeit, wird auf zwei erneuerbare Energiequellen und deren Nutzung eingegangen: Erstens auf die Energie des Windes und zweitens auf diejenige der Sonne.

2.2.2 Die Einheiten für Energie

Mithilfe von Energie können Systeme befähigt werden, äussere Wirkungen hervor zu bringen. Beispielsweise können Lampen Licht hervorbringen, oder ein Backofen Wärme. Doch um erkennen zu können was wie viel Energie benötigt, müssen die Einheiten für Energie bekannt sein.

Energie wird in Joule (J) oder Wattsekunde (Ws) angegeben. Dabei entsprechen 3600 Wattsekunden einer Wattstunde. Die elektrische Leistung von Energie wird dabei in Watt (W) angegeben und berechnet sich mittels Multiplikation der elektrischen Spannung mit der elektrischen Stärke. Die Spannung wird in Volt (V) und die Stärke in Ampere (A) angegeben (Mertens 2013: 19-21).

Für diese Arbeit ist es wichtig zu verstehen, dass beispielsweise eine Anlage, mit einer Leistung von 100W, in einer Stunde Energie von 500Wh generieren würde.

2.3 Windenergie

Ein Bestandteil des Produktes der Firma *Koinmo GmbH* ist die Windturbine, mit der elektrische Energie erzeugt und abgespeichert wird. Deswegen wird in den folgenden Unterkapiteln auf den Wind als Energiequelle eingegangen und die Technologie, welche den Wind als Energieträger nutzbar macht, erklärt. Weiter wird auch erforscht, wie die Nutzung von Windenergie in der Schweiz geplant und umgesetzt werden kann.

2.3.1 Definition von Windenergie

Unter Windenergie versteht man die Erzeugung von elektrischer Energie mithilfe des Windes. Dabei findet ein Prozess statt, der kinetische Energie in elektrische Energie umwandelt (Heier 2012: 46).

2.3.2 Entstehung und Arten von Winden

Seiler (1984) erklärt, dass der Wind durch zwei Effekte entsteht: Erstens durch die Erddrehung und zweitens durch thermische Ausgleichsströmungen, welche sich als einen Effekt von Sonneneinstrahlungen bilden. So werden ungefähr 2% der eingestrahlten Sonnenenergie in Windenergie umgewandelt.

Wie der Wind schliesslich weht, hängt von der kombinierten Wirkung verschiedener Strömungen ab, bei der die eine Strömung die andere überwiegt. Die sehr konstant wehenden Passate sind die global ausgedehntesten Windströmungen und befinden sich hauptsächlich in äquatornahen Gebieten. Die Passate sind das Ergebnis von den globalen Temperaturunterschieden zwischen Tropen und kalten Zonen und werden von der Erdrotation abgelenkt. Auf der Nordhalbkugel liegt die Windrichtung deswegen zwischen Nordost und Ost, während auf der Südhalbkugel die Windrichtung zwischen Südost und Ost liegt (Seiler 1984: 70).

In den mittleren Breitengraden – also somit auch in der Schweiz – ist die sogenannte Polarfront entscheidend für die Wirkung der Winde. Hierbei treffen die warmen Luftmassen, welche vom Süden her nach Norden fliessen, auf die kalten Luftmassen, die im Norden entstehen. In der Nähe der 40° Breite treffen diese Luftmassen aufeinander und erzeugen unter dem Einfluss der Erdrotation eine Zone mit Luftwirbeln. Diese Luftwirbel werden als Luftberge und Lufttäler oder auch als Hochdruck- und Tiefdruckgebiete bezeichnet. Während im Hochdruckgebiet die Winde im Uhrzeigersinn spiralförmig vom Zentrum wegwehen, bewegen sie sich im Tiefdruckgebiet auf das Zentrum zu. Die Winde im Hochdruckgebiet sind hauptsächlich absteigende Luftmasse, da sie abkühlen und so schwerer werden. Da die Luft auch gleichzeitig trockener wird, ist es in solchen Gebieten mehrheitlich sonnig. In einem Tiefdruckgebiet ist es umgekehrt eher bedeckt und feucht, da die Luftmasse nach oben steigt und sich dabei abkühlt und kondensiert (Seiler 1984: 70).

Neben diesen beiden grossräumigen Winden gibt es noch kleinere lokale Winde, die vor allem von der bestehenden Topographie geprägt werden. Diese oft sehr kräftigen Winde entstehen durch Temperaturunterschiede, welche durch differenzierte Sonneneinstrahlungen in Bergen je nach Hangneigung und -exposition Ausgleichströmungen erzeugen (Seiler 1984: 71).

Passwinde funktionieren sehr ähnlich, mit dem Unterschied, dass die Temperaturdifferenzen auf den gegenüberliegenden Seiten von Gebirgszügen entstehen und die Ausgleichströmungen sich durch die Pässe bewegen. Wenn der Gebirgszug die Grenze zwischen einem Hochdruck- und einem Tiefdruckgebiet bildet, entsteht dabei des Öfteren der sogenannte Föhn (Seiler 1984: 71).

Die Entstehung und Wirkung von Winden kann also sehr unterschiedlich ausfallen. Unregelmässige Winde reichen nicht aus, um eine Windkraftanlage sinnvoll zu betreiben. Optimal für die Nutzung von Windenergie sind Regionen mit häufigen und starken Winden. In Mitteleuropa, also auch in der Schweiz, bieten Pässe und Längstäler die beste Voraussetzung, um von solchen Winden Gebrauch zu machen (Seiler 1984: 71).

2.3.3 Technologien der Windenergie

Die Nutzung von Windenergie macht, laut Heymann (1995), für die Zukunft aus mehreren Aspekten Sinn: Da keine Schadstoffe oder Abfallstoffe generiert werden, gilt Windenergie als überaus sauber und ist deshalb sozial- und umweltverträglicher, als die fossilen oder nuklearen Energieträger. Zudem ist die Ressource für Windenergie, also der Wind, unerschöpflich und muss auch nicht zuerst abgebaut oder produziert werden (Heymann 1995: 466).

Um die Windenergie in elektrische Energie umzuwandeln, werden Windkraftanlagen benutzt. Eine solche Anlage besteht grundsätzlich aus einem Fundament, Turm, Gondel, Rotor und Triebstrang. Das Fundament wird zur Stabilisierung der gesamten Anlage benötigt. Je höher der Turm gebaut wird, desto höher liegt auch die sogenannte Nabenhöhe, der Mittelpunkt des Rotors. Der Rotor selber kann aus einem oder mehreren Rotorblättern bestehen. Sobald ein ausreichend starker Wind weht, beginnt sich der Rotor zu drehen und überträgt so die kinetische Energie des Windes in Rotationsenergie. Diese Energie wird vom Triebstrang in elektrische Energie umgewandelt. Der Triebstrang kann sich je nach Bauart der Windkraftanlage unterscheiden und umfasst entweder ein

Getriebe, eine mechanische Bremse mit elektrischem Generator, oder ein sogenannter Ringgenerator (Diekmann, Rosenthal 2014: 78-79).

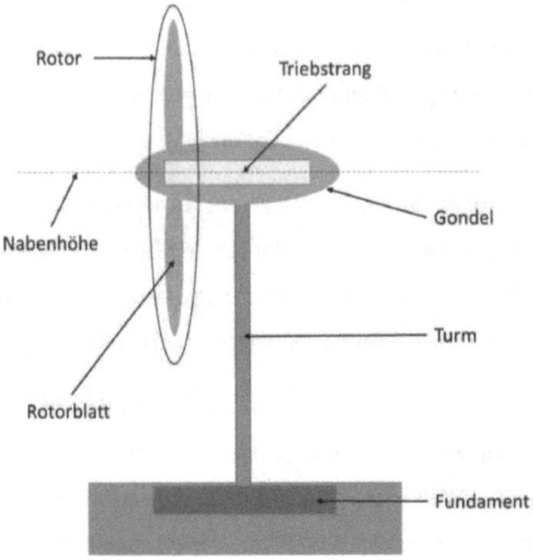

Abbildung 2: Aufbau einer Windkraftanlage
Quelle: in Anlehnung an Diekmann, Rosenthal (2014: 78)

2.3.4 Planung von Windkraftanlagen

Massgebend bei der Planung einer Windkraftanlage sind die Windverhältnisse, welche vor Ort vorherrschen. Die Windgeschwindigkeit die von den Windkraftanlagen geerntet werden kann, hängt also direkt mit der Standortwahl zusammen. Als nächstes sollte auch die Höhe des Turms bedacht werden, da einerseits die Windgeschwindigkeit mit der Höhe über dem Grund ansteigt aber andererseits, Hindernisse in der Umgebung (Bäume, Hügel, Häuser, etc.) den Wind abschwächen. Vor allem bei kleineren Anlagen sollte daher die Umgebung bedacht werden (Heier 2012: 107).

Gemäss Heier (2012), ist bei der Planung aber auch der Einfluss einer Windkraftanlage auf die Umwelt zu beachten. Dabei sollten alle relevanten Rahmenbedingungen eingehalten werden:

- Keine Beeinträchtigung des Landschaftsbildes
- Keine Behinderung des Luftverkehrs
- Keine Belästigung der Bevölkerung durch Lärm
- Keine Belästigung durch Störung von Funk- und Radarübertragungen, sowie Fernsehempfang für Anwohner (Heier 2012: 111).

Auf die Rahmenbedingungen in der Schweiz wird noch detaillierter im später folgenden Kapitel 2.6 dieser Arbeit eingegangen.

2.3.5 Messdaten für Windenergie

Für die Planung von Windkraftanlagen, sollten Winddaten gesammelt und analysiert werden. In der Schweiz kann über die Internetseite http://www.wind-data.ch/ in solche Winddaten eingesehen werden. Die Messdaten werden mithilfe von Messstationen, die im ganzen Land verteilt sind, aufgezeichnet und auf der Plattform umsonst zur Verfügung gestellt. Auf der Webseite werden auch sogenannte Windkarten aufbereitet und dargestellt, welche die Windgeschwindigkeiten in der Schweiz aufzeigen.

Abbildung 3: Windkarte der Schweiz aus dem Jahre 2011
Quelle: Meteotest (2015a: o.S.)

2.4 Photovoltaik

Neben der Windenergie wird auch die Sonnenenergie von der Strassenbeleuchtung der Firma *Koinmo GmbH* genutzt um Licht zu spenden. Dafür wurden sogenannte Solarmodule im Produkt integriert, welche die Sonnenergie in elektrische Energie umwandelt. In den darauf folgenden Unterkapiteln wird deshalb die Sonne als Energiequelle und die Technologie, die diese erneuerbare Energie nutzbar macht, beschrieben. Zusätzlich wird auch aufgezeigt, wie diese Technologie in der Schweiz genutzt werden kann und was dabei zu beachten ist.

2.4.1 Definition von Photovoltaik

Unter Photovoltaik versteht man die Umwandlung von Sonnenlicht in elektrische Energie. Die Sonne dient meistens als Lichtquelle, während Solarzellen für die Umwandlung verwendet werden. Dieser Begriff wird aus dem griechischen Wort für Licht *photo* und der Einheit für elektronische Spannung (Volt) abgeleitet (Mertens 2013: 29).

2.4.2 Die Sonne als Energiequelle

Seiler (1984) beschreibt die Sonne als eine riesige feurige Gaskugel, welche zu 75% aus Wasserstoff, zu 23% aus Helium und zu 2% aus anderen Elementen besteht. Die Sonne hat einen Durchmesser von 1.39 Millionen Kilometer und eine Oberflächentemperatur von 5'500 Grad Celsius. Im Innern der Sonne herrschen Temperaturen von etwa 14 Millionen Grad Celsius bei einem Atmosphären Druck von 220 Milliarden. In dieser Umgebung kommt es zur Kernfusion, wobei vier Atomkerne des Wasserstoffs zu einem Heliumkern verschmelzen. In diesem Prozess wird auch Masse in Energie umgewandelt, welche die Form von sogenannten Gammastrahlen annimmt. Die Gammastrahlen wiederum werden in den umgebenden Schichten hauptsächlich in Wärme umgewandelt, die an die Oberfläche der Sonne geführt und von dort in den Weltraum abgestrahlt werden. Durch die Kernfusion wird eine Leistung von ca. 0.2 Watt pro Tonne Sonnenmasse freigesetzt, was auf die gesamte Sonnenmasse 3.8×10^{26} Watt ergibt. Dies bedeutet, dass bereits 16 Quadratmeter der Sonnenoberfläche so viel Energie produziert, wie ein grosses Kernkraftwerk. Weniger als ein Milliardstel dieser Strahlenleistung erreicht aber die Erdoberfläche, was aber noch immer eine Leistung von 1.15×10^{17} Watt ausmacht. Mit dieser Energie würde der gesamte zivile Energieverbrauch um das Zehntausendfache abgedeckt werden (Seiler 1984: 24).

2.4.3 Technologie der Photovoltaik

Für die Umwandlung der Sonnenergie in elektrische Energie werden sogenannte photovoltaische Solarzellen verwendet. Hauptbestandteil ist Silizium, aus dem auch Halbleiter, Dioden, Transistoren und Computerchips hergestellt werden. Eine einzelne Solarzelle erzeugt eine Spannung von etwa 0.5 Volt und je nach Fläche eine Stärke zwischen 0 und 10 Ampere. Da eine Spannung von 20 bis 50 Volt benötigt wird, um eine nutzbare Leistung zu erzielen, werden für photovoltaische Anlagen mehrere Solarzellen zu einer Einheit zusammengefasst und gegen äussere Einflüsse, beispielsweise gegen Feuchtigkeit, mechanisch geschützt. Eine solche Einheit wird als Solarmodul oder auch Solarpaneele bezeichnet. Je nach Strombedarf können mehrere Module miteinander verschaltet werden. Die von den Solarpaneele umgewandelte Energie kann in Batterien gespeichert werden, damit die Energie zu einem späteren Zeitpunkt genutzt werden kann (Seiler 1984: 77-83); (Mertens 2013: 30).

2.4.4 Planung von photovoltaischen Anlagen

Gemäss Seiler (1984) existieren zwei Faktoren, welche für die Bestimmung der verwendbaren Sonnenenergie wichtig sind: Die Strahlungsintensität und die Sonnenscheindauer. Die Intensität ist die effektive Energie, welche auf der Erdoberfläche auftrifft und genutzt werden kann. Sie ist wiederum abhängig von der Dicke der Luftschicht, welche von der Sonnenstrahlung durchdrungen wird und auch von der Trübung der Atmosphäre, welche beispielsweise durch Wolken entsteht. Der Sonnenstand und die Höhenlage wirken dabei einen direkten Einfluss auf die Dicke der Luftschicht aus, die es zu durchdringen gilt. Je steiler der Einfallswinkel der Strahlen und je höher die Lage, desto dünner ist die Luftschicht, die von den Sonnenstrahlen durchdringt werden muss. Im schweizerischen Mittelland ist die Nutzung der Sonnenenergie besonders in den häufig bewölkten Wintermonaten herausfordernd. Die Sonne hat in dem Zeitraum zum einen eine kürzere Scheindauer und zum anderen auch einen tieferen Einfallswinkel. Um dem entgegenzuwirken, könnten Solarmodule, welche für die Sonnenenergienutzung verwendet werden gen Äquator exponiert werden. Somit würde in den Wintertagen eine höhere Strahlungsintensität erzielt werden. Tabelle 1 mit monatlichen Strahlungswerten belegen diese Aussage (Seiler 1984: 26-34).

Monat	**Horizontale Ausrichtung (in kWh/m$^{2)}$**	**45° geneigt gegen Süden (in kWh/m$^{2)}$**
Januar	23.5	33.2
Februar	45.3	66.3
März	80.3	101.5
April	113.9	126.7
Mai	151.2	150.9
Juni	165.2	157.1
Juli	179.4	174.2
August	137.4	146.1
September	105.1	132.0
Oktober	60.4	87.2
November	27.7	40.6
Dezember	16.9	24.9
Total	**1105.3**	**1240.7**

Tabelle 1: Monatliche Strahlung im schweizerischen Mittelland
Quelle: Seiler (1984: 34)

Die Messungen für horizontale Ausrichtungen werden heutzutage mit dem Parameter GHI und für die geneigte Ausrichtung als GTI angegeben. Diese, wie auch weitere Parameter, werden im nächsten Kapitel genauer erläutert.

Betreffend Planung von PV-Anlagen gibt es gemäss einer Publikation von Electrosuisse sehr viele Aspekte, die zu beachten sind. Die elementaren Faktoren, die direkt mit der Strahlungsintensität und der Sonnenscheindauer zusammenhängen und unbedingt bei der Planung von PV-Anlagen berücksichtigt werden sollten, sind:

1. Standortwahl
2. Art der Ausrichtung
3. Fläche des Solarmoduls (Electrosuisse 2012: 2)

Um die richtige Entscheidung bei der Planung treffen zu können, wird empfohlen, dass auf relevante und aktuelle Messdaten zurückgegriffen wird (Meteotest 2015b: o.S.).

2.4.5 Messdaten für Sonnenergie

Wie bereits erläutert wurde, empfiehlt es sich für die Planung von PV-Anlagen, relevante Daten zu sammeln und auszuwerten. Es liegen diverse geografische Informationssysteme (GIS) vor, die solche Messdaten zur Verfügung stellen, welche als Grundlage für die Planung von photovoltaischen Anlagen verwendet werden können. Es werden im Internet auch kostenlos Rechner angeboten, um effizient eine standortbezogene Prognose der potentiellen Leistung von PV-Anlagen zu berechnen. In den folgenden Unterkapiteln wird das bewährte geografische Informationssystem Meteotest und der kostenlose Rechner von http://pv-calculator.ch detaillierter erklärt. Doch um die bereitgestellten Daten korrekt analysieren und interpretieren zu können, müssen erst noch die verwendeten Parameter erklärt werden.

Die in diesem Kapitel behandelten Informationen wurden aus unterschiedlichen Internetseiten zusammengetragen, die mit dieser Thematik verknüpft sind:

- SolarGIS von GeoModel Solar: http://SolarGIS.info/
- Meteonorm von Meteotest: http://meteonorm.com/
- PV Calculator von Meteotest: http://pv-calculator.ch/

2.4.5.1 Wichtige Parameter von geografischen Informationssystemen für die Planung von photovoltaischen Anlagen

Die Parameter, welche in diesem Kapitel aufgezeigt werden, sind heute für die Planung von PV-Anlagen relevant.

Direktstrahlung horizontal

Direktstrahlung horizontal (Bh) – auch Direct Horizontal Irradiation (DHI) genannt – beschreibt die Sonnenbestrahlung, welche direkt auf eine horizontale Oberfläche trifft. Dies bedeutet das DHI nicht die Bestrahlung berücksichtig, welche durch die Atmosphäre zerstreut oder getrübt wird (GeoModel Solar 2015: o.S.); (Meteotest 2015b: o.S.).

Diffusstrahlung horizontal

Diffusstrahlung horizontal (Dh) – auch Diffuse Horizontal Irradiation (DIF) genannt – bildet das Gegenstück von Dh und berücksichtigt alle zusätzliche Sonneneinstrahlung, welche nicht direkt auf eine horizontale Oberfläche trifft, sondern von der Atmosphäre zerstreut oder getrübt wird. Wenn beispielsweise eine Wolke die Sonne verdeckt, wird das einstrahlende Licht der Sonne getrübt. Würde es keine Atmosphäre geben, so würde dieser Parameter gänzlich wegfallen (GeoModel Solar 2015: o.S.); (Meteotest 2015b: o.S.).

Globalstrahlung horizontal

Globalstrahlung horizontal (Gh) – auch bekannt als Global Horizontal Irradiation (GHI) – steht für Globalstrahlung horizontal und ist der wichtigste Parameter für die Berechnung des zu gewinnenden Stromes, welcher durch die Sonnenenergie erzeugt wird. Der Parameter berücksichtigt alle Faktoren der Sonneneinstrahlung, welche auf eine horizontalliegende Oberfläche trifft. Um den Gh zu berechnen müssen die Parameter Bh und Dh bekannt sein und miteinander summiert werden (GeoModel Solar 2015: o.S.); (Meteotest 2015b: o.S.).

Über Meteonorm ist es möglich solche Gh Auswertungen in Karten darzustellen:

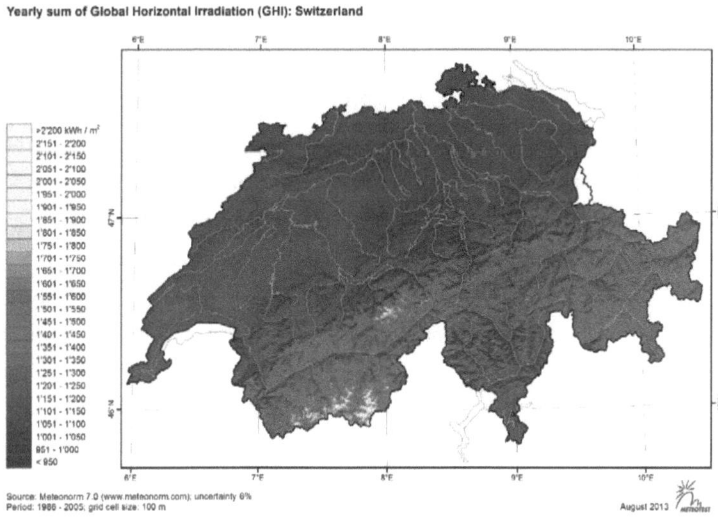

Abbildung 4: Jährliche Summe des GHI in der Schweiz
Quelle: Meteotest (2015b: o.S.)

Direktnormalstrahlung

Direktnormalstrahlung (Bn) – auch Direct Normal Irradiance (DNI) genannt – gibt die Sonneneinstrahlung an, die auf eine Oberfläche treffen würde, welche stets auf die Sonne ausgerichtet ist. Dies bedeutet, dass sich die Oberfläche mit dem Lauf der Sonne mitbewegt. Bei dieser Messmethode wird der Parameter für die Einstrahlung, welche durch die Atmosphäre getrübt oder zerstreut wird, nicht miteinbezogen (GeoModel Solar 2015: o.S.); (Meteotest 2015b: o.S.).

Global Tilted Irradiation

Ein weiterer bekannter Messwert, der aber nicht von Meteonorm verwendet wird, ist der sogenannte Global Tilted Irradiation (GTI). GTI gibt den Wert der Sonneneinstrahlung an, die auf eine geneigte Oberfläche trifft. Die geneigte Oberfläche kann dabei fest installiert sein oder aber auch einachsig, beziehungsweise zweiachsig montiert werden (GeoModel Solar 2015: o.S.); (Meteotest 2015b: o.S.).

Die Abbildung 5 von GeoModel, welche auf der SolarGIS Seite abgebildet wird, illustriert die Montagearten für geneigte Solarmodule:

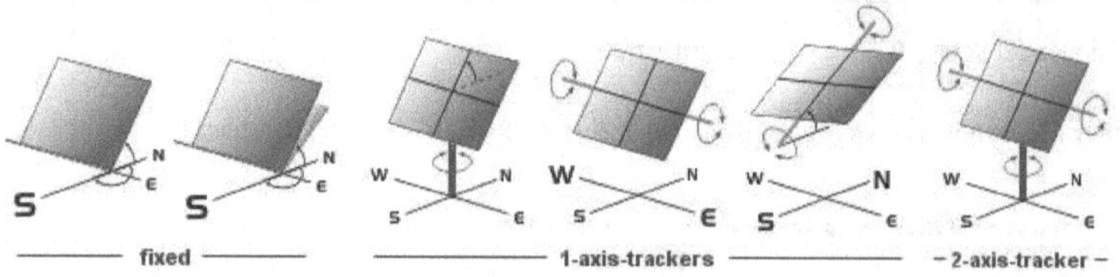

Abbildung 5: Montagearten von geneigten Solarmodulen
Quelle: GeoModel Solar (2015: o.S.)

Wenn ein Solarmodul auf beweglichen Achsen montiert wird, kann auch diese dem Lauf der Sonne folgen und entsprechend mehr Strom aus der Sonnenenergie gewinnen. Für alle drei Arten von Montagemöglichkeiten sollte der GTI individuell berechnet werden. Der Vorteil von einer geneigten Oberfläche gegenüber einer horizontalen Oberfläche ist die zusätzlich Aufnahme von Sonnenlicht, welches von der Erdoberfläche reflektiert wird. Geneigte Oberflächen die fix montiert sind, sollten so ausgerichtet werden, dass die Sonnenstrahlung so effektiv wie möglich genutzt werden kann (GeoModel Solar 2015: o.S.); (Meteotest 2015b: o.S.).

Für die Ausrichtung bestehen gemäss Electrosuisse und dem Online-Rechner von Meteotest zwei relevante Parameter:

- Neigung: Die horizontale Ausrichtung. In der Schweiz sollten Solarmodule eine horizontale Neigung von 25°- 40° aufweisen.
- Solar-Azimut: Die vertikale Ausrichtung gegen Süden, oder anders gesagt, der Winkel mit dem die Anlage von der Südrichtung abweicht. Optimal wäre folglich ein Solar-Azimut von null Grad. Bei einer östlichen Abweichung ergibt sich ein negativer und bei einer westlichen Abweichung ein positiver Wert (Electrosuisse 2012: 2); (Meteotest 2015b: o.S.).

2.4.5.2 Messdaten von Meteonorm für photovoltaische Anlagen

Heutzutage kann auf immer genauer werdende Messdaten zurückgegriffen werden, um die Installation von PV-Anlagen so effizient wie möglich zu planen. Mit solchen Daten lassen sich auch Globalstrahlungskarten erstellen, welche beispielsweise die Jahressumme der Globalstrahlung für bestimmte Standorte aufzeigen (Mertens, 2013: 44). Meteonorm, ein geografisches Informations-system, stellt genau solche Messdaten und Karten zur Verfügung.

Über die Internetseite http://meteonorm.com kann die Software Metenorm heruntergeladen und installiert werden. Die Software greift auf Datensätze von über 8'000 Wetterstationen und von fünf Satelliten zu, welche aktuelle Messwerte liefern. Mit diesen Daten und der kostenpflichtigen Software von Meteonorm können genaue Aufwertungen gemacht und auch grafisch aufbereitet werden (Meteotest 2015b: o.S.).

2.4.5.3 Das Berechnungsinstrument von PV-Calculator.ch

Über die Internetseite http://pv-calculator.ch können Prognosen für spezifische Standorte erstellt werden, um das Potenzial von PV-Anlagen zu berechnen. Dazu kann auf der Seite mittels Google-Karte der Standort anvisiert werden, wo die PV-Anlage installiert werden soll. Als nächstes muss die Neigung und Solar-Azimut die Ausrichtung der geplanten Solarmodule eingegeben werden. Die nächste wichtige Angabe, die eingegeben werden muss, ist die Fläche des Solarmoduls. Es können noch weitere Angaben gemacht werden, wie Beispiels-Vergütungen, wenn Energie ins öffentliche Netz gespeist wird, die aber hier nicht weiter erläutert werden (Meteotest 2015c: o.S.).

Nach dem Ausführen der Berechnungen, erhält man Angaben bezüglich:

- Leistung der Anlage
- Gh: Jahresdurchschnitt der Einstrahlung auf die horizontale Fläche
- GTI: Jahresdurchschnitt der Einstrahlung auf die geneigte Fläche
- Jahressumme des Anlagenertrages der Photovoltaikanlage (Meteotest 2015c: o.S.)

2.5 Das Produkt der Firma Koinmo GmbH

Bis zu diesem Kapitel hin wurde nun die theoretische Grundlage geschaffen, um das Produkt der Firma *Koinmo GmbH* zu verstehen, über welches in diesem Kapitel informiert wird.

2.5.1 Allgemeines zum Unternehmen und dem Produkt

Das Produkt der Einzelfirma *Koinmo GmbH* für solar- und windbetriebene Strassenbeleuchtungen, wird von der Firma Zhangzhou Neholis Technology Co. LTD in China hergestellt. Für die Schweiz hat die *Koinmo GmbH* die exklusiven Rechte vom Hersteller erhalten, um das Produkt zu vermarkten.

Die hybride Eigenschaft von Solar- und Windenergie, zusammen mit einem integrierten Energiespeicher, erlaubt es dem Gerät auch während windstillen oder dunklen Tagen betrieben zu werden. Das Produkt ermöglicht es zwischen mehreren Installationsarten, mit unterschiedlichen Windturbinen, wählen zu können. Zudem können Kundenwünsche bei der Produktion, betreffend Design, Komponenten und Konfiguration, berücksichtigt und umgesetzt werden. So können die Strassenbeleuchtungen mit zusätzlichen Sensoren, Mess- und Überwachungsinstrumente individuell ausgerüstet werden (Chua 2015: 2). Für diese Arbeit wird lediglich ein Exemplar-Modell mit einer Standardinstallation und -konfiguration genauer vorgestellt:

- Produkt: nheohybrid 400 LED Street Light
- Windturbine: nheowind 3D04
- LED: 40W

2.5.2 Produktspezifikationen

Der Turm der *nheohybrid 400* besitzt eine Höhe von sieben Meter hat. Das Solarmodul von diesem Modell hat eine Leistung von 120 Watt und eine Fläche von $1m^2$. Die Windturbine kann bei einer Windgeschwindigkeit von 12m/s eine Leistung von 300 Watt generieren. Die LED Leuchte braucht im Betrieb 40 Watt pro Stunde (Zhangzhou Nheolis Technology Co., Ltd 2014b: 2). Diverse Zertifizierungen stellen einen hohen Qualitätsstandard sicher (Zhangzhou Nheolis Technology Co., Ltd 2014c: 3).

Eine Voraussetzung für die Funktionsfähigkeit der LED Lampe ist eine Temperatur zwischen -20° und 40° Grad. Damit die Windturbine funktionieren kann, darf die Temperatur nicht unter -40° Grad sinken und auch nicht über 60° Grad steigen. Eine weitere essenzielle Voraussetzung ist eine konstante Windgeschwindigkeit von 2.5 - 35m/s. Die Windgeschwindigkeit darf dabei nicht über 45m/s gehen, da dies zu Schäden an der Windturbine führen könnte (Aus vertraulichen Gründen keine Quellenangaben). Abbildung 6 zeigt die Leistungskurve der Windturbine. Diese illustriert bei welchen Windgeschwindigkeiten, welche Leistung erzeugt wird.

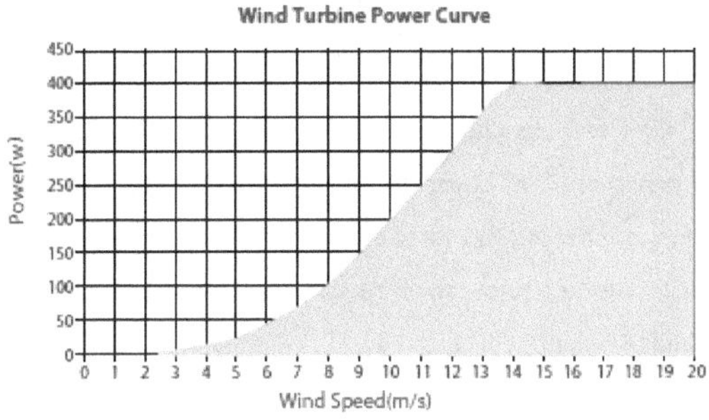

Abbildung 6: Leistungskurve der Windturbine von nheohybrid 400
Quelle: Zhangzhou Nheolis Technology Co., Ltd (2014b: o.S.)

Die Windturbine kann im Betrieb Geräusche in einer Lautstärke von 35 Dezibel generieren. Gemäss Herstellerangaben kann das Produkt mit dieser ermittelten maximalen Lautstärke bedenkenlos in Wohngegenden werden (Zhangzhou Nheolis Technology Co., Ltd 2014a: 4). Die Windturbine ist so konfiguriert, dass sie sich immer in den Wind dreht, damit so viel elektrischer Strom wie möglich produziert werden kann (Aus vertraulichen Gründen keine Quellenangaben).

Das Produkt besitzt ebenfalls die Möglichkeit, Betriebsinformationen aktuell übermitteln zu lassen, damit diese von den Betreibern ausgewertet werden können und bei Handlungsbedarf reagiert werden kann (Zhangzhou Nheolis Technology Co., Ltd 2014a: 8-19).

Diese und auch weitere Informationen können aus den internen Dokumenten entnommen werden, die sich auf der beigelegten CD befinden.

2.5.3 Qualitätsgewährleistung, Kosten, Zahlungsfristen und Transport

Gemäss der *Koinmo GmbH* beträgt der Einkaufspreis inklusive Transportkosten CHF 3'321.00 und beinhaltet eine Garantie von zwei Jahren für das komplette System, respektive fünf Jahren für die Windturbine. Bei Bestellungen von mehreren Stücken, können Rabatte gewährleistet werden, da bei der Produktion Kosten eingespart und die Transportkosten bei mehreren Stücken günstiger ausfallen. Weitere Details zu den Kosten der einzelnen Phasen der Wertkette oder zu Rabatten werden gemäss Vereinbarung mit der *Koinmo GmbH* in dieser Studie nicht vertieft.

Von der Bestellung bis zur Ablieferung bei der Zieladresse, werden 60 Tage angegeben. Weder der Hersteller noch die *Koinmo GmbH* wird bei Lieferverspätungen haften oder zusätzliche Rabatte gewähren. Die Qualität wird von der *Koinmo GmbH* doppelt überprüft: Ein erstes Mal während der Produktion und ein zweites Mal vor dem Versand aus China. Zusätzlich werden die Produkte für den gesamten Transport versichert. Das Unternehmen plant für Standardprodukte bestehende Lagerräume zu verwenden, um die Lieferfristen auf zwei Wochen zu verkürzen. So können grosse oder auf Kundenbedürfnisse angepasste Bestellungen vom Hersteller und kleine standardisierte Bestellungen aus dem Lager in der Schweiz direkt an den Kunden geliefert werden.

Bei Bestellungen, die direkt aus China geliefert werden, müssen 40% der totalen Kosten bezahlt werden und die restlichen 60%, bevor die Strassenbeleuchtungen verladen werden. Wenn die Strassenbeleuchtung aus der Schweiz verschickt werden, können Kunden eine Rechnung verlangen, die zehn Tage nach Lieferung zu bezahlen ist, um die Liquidität der Firma zu gewährleisten (aus vertraulichen Gründen keine Quellenangaben).

2.5.4 Lebenszyklus der Strassenbeleuchtung

Für den Betreiber der Strassenbeleuchtung sind die Informationen zur Lebensdauer der einzelnen Teile zu beachten. So sollte die LED nach 50'000 Stunden Betriebszeit und die Batterie alle fünf bis zehn Jahre ersetzt werden. Es empfiehlt sich auch die Windturbine, mit einer Garantie von fünf Jahren, nach ungefähr fünfzehn Jahren zu ersetzen. Das Solarmodul hat einen Lebenszyklus von zwanzig Jahren und wird bis dahin noch 85% der ursprünglichen Leistung aufweisen.

2.6 Wesentliche Voraussetzungen und Richtlinien in der Schweiz für wind- und solarbetriebene Anlagen

Nachdem nun die hybride Strassenbeleuchtung, welche von der Firma *Koinmo GmbH* in der Schweiz auf den Markt gebracht werden möchte, vorgestellt wurde, wird nun auf die Voraussetzungen, Regulierungen und Förderungsmöglichkeiten, die in der Schweiz bestehen, eingegangen. Zu diesem Zweck wird zuerst das Eidgenössische Departement für Umwelt, Verkehr, Energie und Kommunikation in groben Zügen beschrieben. Danach werden die relevanten Bundesämter von diesem Departement und deren Förder- und Regulierungsmassnahmen für wind- und solarbetriebene Strassenbeleuchtungen aufgezeigt. Als nächstes werden Stiftungen und Sponsoring als weitere Möglichkeiten solche Produkte zu fördern, erklärt. Abschliessend wird in diesem Kapitel auf die gesellschaftliche Haltung gegenüber ausländischen Produkten und auch auf die Marke Schweiz eingegangen.

2.6.1 Umweltpolitik im Allgemeinen

Wie Reinhardt darlegt (2008), gehört es zu den politischen Aufgaben, die Umwelt und die natürlichen Lebensgrundlagen zu schützen. Durch die Umweltpolitik sollen der Boden, die Luft und das Wasser, wie auch die Pflanzen und Tierwelt, vor Schäden durch humane Eingriffe geschützt werden. Als Bestandteil der Umweltpolitik verlangt das Vorsorgeprinzip eine Abwehr von Umweltgefahren (Reinhardt 2008: 44-47).

2.6.2 Eidgenössisches Departement für Umwelt, Verkehr, Energie und Kommunikation

In der Schweiz ist das Eidgenössische Departement für Umwelt, Verkehr, Energie und Kommunikation (UVEK) für umweltpolitische Angelegenheiten zuständig und setzt sich für die nachhaltige Entwicklung und den Service Public ein. Damit ist dieses Departement zuständig für die Themengebiete, welche relevant für moderne Verkehrswege, Kommunikations- und Stromnetze sind.

Um seine Aufgaben wahrzunehmen, organisiert sich das UVEK in mehreren Ämtern mit diversen Zuständigkeiten:

- Bundesamt für Energie (BFE)
- Bundesamt für Kommunikation (BAKOM)
- Bundesamt für Raumentwicklung (ARE)
- Bundesamt für Strassen (ASTRA)
- Bundesamt für Umwelt (BAFU)
- Bundesamt für Verkehr (BAV)
- Bundesamt für Zivilluftfahrt (BAZL)

In dieser Arbeit wird nur auf das Bundesamt für Energie und das Bundesamt für Umwelt weiter eingegangen, da diese beiden den stärksten Einfluss auf die Strassenbeleuchtungen in der Schweiz ausüben (UVEK 2015: o.S.).

2.6.3 Die Bundesämter für Umwelt und für Energie im Zusammenhang mit Strassenbeleuchtungen

Das Bundesamt für Umwelt (BAFU) übernimmt in der Schweiz Aufgaben betreffend Umweltpolitik. Ausgangslage der Umweltpolitik ist der Fakt, dass die natürlichen Ressourcen begrenzt vorhanden sind und oftmals übermässig beansprucht werden. Das BAFU soll mit geeigneten Massnahmen den langfristigen Erhalt von natürlichen Ressourcen sichern, damit sie auch künftigen Generationen zur Verfügung stehen. Das BAFU beschäftigt sich unteranderem mit dem Thema erneuerbarer Energien, um Belastungen auf die Umwelt zu minimieren. Diesbezüglich arbeitet das BAFU auch eng mit dem Bundesamt für Energie (BFE) zusammen (BAFU 2015: o.S.).

Das BFE übernimmt Aufgaben betreffend Energieversorgung für die Schweiz. Das BFE ist somit verantwortlich...

- ...dass die Schweiz über eine ausreichende, krisenfeste, breit gefächerte und wirtschaftliche Energieversorgung verfügt.
- ...für die Festlegung von Sicherheitsstandards bei der Produktion, dem Transport und der Nutzung von Energie.
- ...für einen effizienten Strom- und Gasmarkt in der Schweiz, sowie einer angepassten Infrastruktur.
- ...für eine effiziente Energienutzung, Steigerung des Anteils an erneuerbaren Energien und für die Senkung der CO_2-Emissionen.
- ...dass die Energieforschung auf nationaler Basis gefördert und koordiniert wird.
- ...für den Aufbau eines Marktes, der eine nachhaltige Energieversorgung und -nutzung fördert (BFE 2015: o.S.).

Für hybride und autonome Strassenbeleuchtungen sind vor allem diejenigen Tätigkeiten der BFE interessant, die zum Ziel eine Steigerung des Anteils an erneuerbaren Energien haben. Ausserdem möchte der BFE gezielt den Aufbau eines Marktes, der eine nachhaltige Energieversorgung und -nutzung ermöglicht, fördern. Deswegen wird als nächstes aufgezeigt, welche Massnahmen der BFE diesbezüglich ergreift. Für die Massnahmen gelten dabei vor allem die rechtlichen Grundlagen des Energiegesetzes und der Ausführungsverordnungen (BFE 2005: o.S.).

2.6.3.1 *Kostendeckende Einspeisevergütung*

Die kostendeckende Einspeisevergütung (KEV) fungiert als ein Instrument des Bundes, um die Stromproduktion aus erneuerbarer Energien zu fördern. Mit der KEV wird der Teil der Kosten übernommen, welcher der Differenz zwischen den Kosten für die Produktion und dem Marktpreis entspricht. Finanziert wird dieser Beitrag durch den KEV-Fond, der von allen Stromkonsumentinnen und -konsumenten, die eine Abgabe pro verbrauchte Kilowattstunde bezahlen, subventioniert wird. Die finanzielle Unterstützung durch die KEV wird aber nicht sofort, sondern während einer Vergütungsdauer von 20 bis 25 Jahren übernommen. Die genaue Vergütungsdauer ist von der Technologie und Leistungsklasse abhängig.

Da der Strom, aus erneuerbarer Energien, aufgrund von effizienteren Technologien und steigender Marktreife immer günstiger wird, unterliegen die Vergütungstarife einem sogenannten Absenkpfad. So sind nur neue Anlagen, die in Betrieb genommen werden, von der Absenkung betroffen. Auf der Webseite von Swissgrid können neue Anlagen angemeldet werden (BFE 2015: o.S.).

2.6.3.2 Einmalvergütungen

Bei kleinen PV-Anlangen mit einer konstanten Leistung zwischen 10kW und 30kW, können die Betreiber optional zwischen der kostendeckenden Einspeisevergütung und einer Einmalvergütung wählen. Bei der Einmalvergütung werden die Investitionskosten für die Anlage mit einem Beitrag von bis zu 30% gedeckt. Anlagen, die weniger als 10kW Leistung haben, können nur diese finanzielle Unterstützung beim Bund beantragen. Auch für die Einmalvergütungen muss man sich auf der Webseite von Swissgrid anmelden. Die Einmalvergütung wird so schnell wie möglich ausbezahlt, nachdem die PV-Anlage in Betrieb genommen wurde (BFE 2015: o.S.).

2.6.3.3 Mehrkostenfinanzierungen

Durch Artikel 7 des Energiegesetztes haben sich die Energieversorgungsunternehmen (EVU) dazu verpflichtet, den Strom von unabhängigen Produzenten mit 15 Rappen pro Kilowattstunde abzunehmen (BFE 2014: o.S.).

Diese Mehrkostenfinanzierungen (MKF) können über die von der Swissgrid betriebenen Webseite http://www.guarantee-of-origin.ch/ beantragt werden (Swissgrid: 2008: 2).

2.6.4 Einschränkungen in der Schweiz für den Betrieb von Strassenbeleuchtungen, PV- und Windkraftanlagen

Die Lichtemissionen, die von einer Strassenbeleuchtung und die Lärmemissionen, die von einer Windkraftanlage ausgehen, können unterschiedliche negative Auswirkungen auf die unmittelbar angrenzende Umwelt haben:

- Auswirkung auf die Nachtlandschaft: Seit den 90er-Jahren haben die Lichtemissionen um rund 70% zugenommen. Die Zunahme an künstlichen Lichtquellen hat somit den teilweisen Verlust der natürlichen Nachtlandschaft zur Folge.
- Auswirkung auf die Artenvielfalt: Künstliches Licht und Lärm stören den Lebensraum von nachtaktiven Tieren, in dem ihr Lebensraum durch Lichtemissionen zerschnitten wird. Dadurch reduziert sich der Aktionsradius der Tiere und somit auch ihr Nahrungsangebot. Als Folge erleiden bedrohte Arten einen Rückgang oder schweben sogar in Gefahr auszusterben.
- Auswirkung auf den Menschen: Licht und Lärm können beide von Menschen als einfache Belästigung oder schwerwiegender wahrgenommen werden. Die Emissionen können bei manchen Menschen zu Schlafstörungen, in gewissen Fällen sogar zu ernstzunehmenden gesundheitlichen Schäden führen (BAFU 2015: o.S.).

Um diese negativen Effekte von Lärm- und Lichtemission einzudämmen, müssen in der Schweiz diverse Gesetze und Verordnungen berücksichtigt werden. (BAFU 2015: o.S.).

Die genauen Richtlinien werden in dieser Arbeit nicht mehr weiter vertieft, da diese primär für die Installationsplanung von Strassenbeleuchtungen relevant sind und von den Verantwortlichen stets individuell geprüft werden müssen. Es sei aber noch angemerkt, das für PV-Anlagen keine solchen Einschränkungen existieren, da diese keine Emissionen auf die Umwelt abstrahlen.

2.6.5 Stiftungen und Sponsoring

Abgesehen von staatlichen Förderprogrammen, können auch andere Organisationen Produkte, die einen ökologischen Nutzen aufweisen, unterstützen. Deswegen wird in den nächsten beiden Unterkapiteln das Prinzip von Stiftungen und Sponsoring ergründet.

2.6.5.1 Stiftungen

Das Schweizerische Zivilgesetzbuch (ZGB) definiert eine Stiftung in Artikel 80 folgendermassen: „Zur Errichtung einer Stiftung bedarf es der Widmung eines Vermögens für einen besondern Zweck" (ZGB 2015: Art. 80).

In der Schweiz werden Stiftungen durch die Eidgenössische Stiftungsaufsicht (ESA) überwacht. Die ESA ist dem Eidgenössischen Departement des Innern (EDI) angegliedert (EDI 2014: o.S.). Sie stützt ihre Aufsichtstätigkeiten auf Artikel 84 Absatz 2 im ZGB: "Die Aufsichtsbehörde hat dafür zu sorgen, dass das Stiftungsvermögen seinen Zwecken gemäss verwendet wird" (ZGB 2015: Art. 84 Abs. 2).

Madörin erklärt, dass Begünstigte aus einer Stiftung, als Destinatäre bezeichnet werden und unterscheidet neben den gewöhnlichen Stiftungen, vier Sonderformen:

- Familienstiftungen
- Kirchliche Stiftungen
- Unternehmensstiftungen
- Personalfürsorgestiftungen (Madörin 2008: 93)

Im Rahmen dieser Arbeit werden die Arten von Stiftungen aber nicht weiter vertieft, da dies für diese Thesis nicht relevant ist. Wichtig ist nur der primäre Zweck von den Stiftungen, welcher bereits ausführlich erläutert wurde. Denn je nach Zweck der Stiftung könnten Organisationen, welche mit Innovationen, die basierend auf erneuerbarer Energie die ökologische Nachhaltigkeit fördern, finanziell als Destinatäre profitieren.

2.6.5.2 Sponsoring

Bruhn (2010) beschreibt Sponsoring als Instrument für Unternehmen, um Personen, Institutionen und audiovisuelle Programme gezielt zu unterstützen oder um eigene Veranstaltungen zu organisieren. Sponsoring findet man im Sport, bei kulturellen Anlässen und im ökologischen, sozialen und medialen Bereich. Ziel dabei ist es, die Teilnehmer und Zuschauer mit den Kommunikationsabsichten des Unternehmens zu konfrontieren (Bruhn 2010: 3).

Bruhn definiert die folgenden drei Merkmale für Sponsoring, die aber nicht zwingend bei jedem Engagement zur Geltung kommen:

1. Bei Sponsoring findet stets ein Austausch von Leistung und Gegenleistung statt. Der Sponsor unterstützt dabei den Gesponserten mit einem oder mehreren Fördermitteln, wie Geld, Sachmittel oder Dienstleistung. Der Gesponserte bietet im Gegenzug eine Plattform für die Kommunikationsmassnahmen des Sponsors.
2. Der Fördergedanke steht im Vordergrund. Dieser Förderungscharakter dient meist dem eigenen Ansehen des Sponsors.
3. Ein Sponsoringengagement erfüllt für den Sponsor eine kommunikative Funktion, welche vom Gesponserten direkt erbracht, durch die Medien vermittelt oder vom Sponsor selber initiiert werden (Bruhn 2010: 7-8).

Mehr wird auf diese Thematik nicht eingegangen, denn es genügt zu wissen, dass Sponsoring eine Möglichkeit bietet, um Produkte, die auf erneuerbaren Energien basieren zu fördern.

2.6.6 Die Marke Schweiz im Zusammenhang mit der gesellschaftlichen Haltung gegenüber ausländischen Produkten

Seit Ende des 19. Jahrhunderts spielt das Herkunftsland, bei der Vermarktung von Produkten, eine immer grössere Rolle. Der erste bekannte Fall entstand, als Grossbritannien vermeintlich minderwertige ausländische Produkte kenntlich machen wollte, um die britischen Produkte zu schützen. Im Visier waren damals vor allem Waren aus Deutschland. Die Massnahme entwickelte sich aber vielmehr zu einem Qualitätssiegel, also „Made in Germany" (Feige et al. 2013: 8).

Heutzutage ist auch die Schweizer Marke „Swiss Made" beziehungsweise „Swissness" als Qualitätsversprechen renommiert und wird bei ausländischen Produkten deswegen gerne missbräuchlich angebracht, um von diesem Brand zu profitieren (Feige et al. 2013: 8).

Am 21. Juni 2013 wurde die erste Swissness-Gesetzesvorlage vom Parlament verabschiedet. In der Vorlage wurden die Richtlinien festgelegt, um zu bestimmen, ab wann Produkte mit dem Schweizer Wappen versehen werden dürfen. Die Marke Schweiz steht für qualitativ hochstehende Produkte, die auch das Land und deren Werte reflektieren. Mit dieser Vorlage ist die Marke besser geschützt und es wird unterbunden, dass Trittbrettfahrer das Wappen für Produkte ausnützen, welche gar nicht aus der Schweiz stammen. Neu gilt nun, dass bei Schweizer Lebensmitteln mindestens 80% des Rohstoffgewichts aus der Schweiz stammen muss. Bei Milch gilt die Sonderregelung, dass sogar 100% davon in der Schweiz erzeugt werden muss. Bei Industrieprodukten reicht es, wenn 60% der gesamten Herstellungskosten in der Schweiz anfallen, vorausgesetzt, dass die wesentlichen Herstellungsschritte ebenfalls in der Schweiz stattfinden. Diese Vorgaben sind im Markenschutzgesetz (MschG) verankert und werden durch das hiesige Institut für geistiges Eigentum (IGE) verwaltet (Bundesbehörden 2013: 5-6).

Die *Swissness Worldwide Studie* hat ergeben, dass Schweizer und Schweizerinnen, im internationalen Vergleich, einheimische Produkte stark bevorzugen. Die Daten, welche für diese Studie verwendet wurden, stammen aus einer Befragung, die von der WEMF für die *MACH Consumer* 2012-2 durchgeführt wurde. Bei der Umfrage haben 11'799 Personen die Aussage „Ich kaufe wenn immer möglich Schweizer Produkte" in einer Skala von eins („lehne völlig ab") bis sieben („stimme völlig zu") bewertet. Das Resultat von 5.2 Punkten zeigt, dass Schweizer ihre einheimischen Produkte überwiegend bevorzugen (Feige et al. 2013: 60-61).

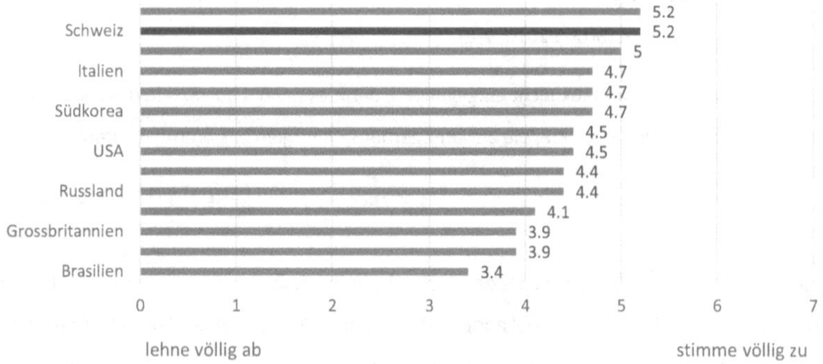

Abbildung 7: Auswertung der Präferenzen von Einheimischen gegenüber Ausländischen Produkten
Quelle: Feige et al. (2013: 61)

2.7 Entscheidungs- und Berechnungsmethoden zu Preispolitik und Unternehmenswert

In diesem Kapitel werden relevante Analyse-, Entscheidungs- und Berechnungsmethoden aufgezeigt, um einen Preis für ein Produkt festzulegen und um den Unternehmenswert zu berechnen. Dieses Kapitel der Theorie ist also Grundlage für den praktischen Teil der Arbeit.

2.7.1 Preispolitik

Die preispolitische Analyse ist für ein Unternehmen, welches seine Produkte verkaufen möchte, elementar. In diesem Kapitel wird deswegen das Thema Preispolitik vertieft.

2.7.1.1 Grundlagen der Preispolitik

Die Preispolitik ist ein Instrument für den Marketingmix, da die Höhe des Preises für einen Käufer ein wichtiger Entscheidungsfaktor sein kann. Thommen (2008) beschreibt vier Szenarien, in denen ein Preis bestimmt werden muss:

1. Erstmalige Preissetzung für ein Produkt, wenn es...
    a. ... neu...
    b. ... über einen neuen Absatzweg...
    c. ... in einem neuen geographischen Gebiet...

    ... auf den Markt gebracht wird.
2. Anpassung des Preises an die aktuellen Unternehmens- und Marktverhältnisse.
3. Falls eine Konkurrenz eine Preisveränderung initiiert und das Unternehmen darauf mit einer Preisanpassung reagiert.
4. Wenn mehrere Produkte, in einer Produktlinie, von einem Unternehmen hergestellt werden, müssen die Preisverhältnisse optimal aufeinander angepasst werden (Thommen 2008: 184).

Generell wird der Preis vom Anbieter über zwei Variablen evaluiert: Der eigenen Preisvorstellung und der potenziellen Nachfrage. Während bei der eigenen Preisvorstellung das Unternehmen meist den Gewinn maximieren möchte, wollen die Käufer das Produkt so günstig wie möglich beziehen können. Da sich das Unternehmen an der Nachfrage orientieren muss, um im Markt attraktiv auftreten zu können, ist für die Preissetzung die Preis-Absatz-Funktion ein wesentliches Instrument. Dieses wird durch die Preiselastizität charakterisiert (Thommen 2008: 184-185).

2.7.1.2 Preisabsatzfunktion und Preiselastizität

Die Preiselastizität zeigt die Reaktion der Nachfrage auf einen Preis und ist ein wichtiger Bestandteil für die Preispolitik. Man unterscheidet zwischen direkter und indirekter Preiselastizität. Bei der erstgenannten Methode wird die Nachfrage auf den eigenen Preis bezogen, während bei letzteren die Nachfrage auf den Preis von Komplementär- und Substitutionsgütern ausgewertet wird.

Für die direkte Preiselastizität kann die Preis-Absatz-Funktion verwendet werden, um den optimalen Preis für ein Produkt zu evaluieren. Es wird davon ausgegangen, dass bei höheren Preisen eine geringere Menge abgesetzt werden kann, als bei tieferen Preisen (Althoff et al. 2013: 112).

2.7.1.3 Berechnungsmethoden

Thommen (2008) erklärt die Preiselastizität (e) als das Ergebnis, der relativen Mengenveränderung dividiert durch die relative Preisänderung (Thommen 2008: 186):

$$e = \text{relative Mengenveränderung / relative Preisänderung}$$

Dabei gilt:

$$\text{Relative Mengenänderung} = \text{Mengenänderung } (\Delta x) \text{ / Menge } (x)$$

$$\text{Relative Preisänderung} = \text{Preisänderung } (\Delta p) \text{ / Preis } (p)$$

Wichtig zu beachten ist, dass bei einer linear sinkenden Preis-Absatz-Funktion die Preiselastizität stets negativ bleibt. Folgende Tabelle zeigt die Auswirkung auf den Umsatz bei Preisveränderungen im Zusammenhang mit möglichen Elastizitäten (Thommen 2008: 186):

Preisänderung / Elastizität	e > -1	e = -1	e < -1
Preiserhöhung	Umsatzsteigerung	Umsatz konstant	Umsatzsenkung
Preissenkung	Umsatzsenkung	Umsatz konstant	Umsatzsteigerung

Tabelle 2: Auswirkung von Preisveränderungen auf den Umsatz bei negativen Preiselastizitäten
Quelle: Thommen (2008: 187)

Mit der Preis-Absatz-Funktion kann der Umsatz entsprechend der Preis- und Mengenveränderung grafisch dargestellt werden, wie in Abbildung 8 illustriert wird.

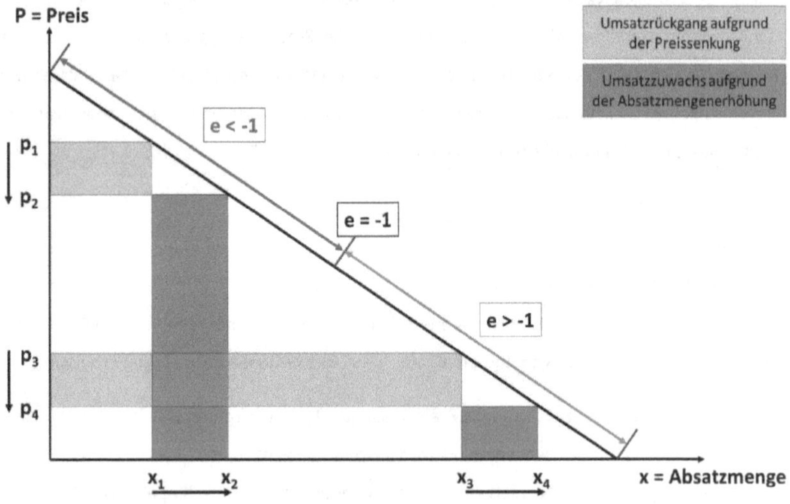

Abbildung 8: Visualisierung der Umsatzveränderung bei einer linear sinkenden Preis-Absatz-Funktion
Quelle: In Anlehnung an Thommen (2008: 187)

Abbildung 8 zeigt also wie der Umsatz zunimmt, wenn e < -1 ist, da die blaue Fläche von $x_1 \rightarrow x_2$ grösser ist als die von $p_1 \rightarrow p_2$. Umgekehrt ist es wenn e > -1 ist, da die Fläche von $p_3 \rightarrow p_4$ grösser als $x_3 \rightarrow x_4$ ist, und somit der Umsatz abnimmt.

2.7.2 Analyse des Unternehmenswertes mit der Discounted Cashflow Methode

Um ein Unternehmen zu bewerten bestehen unterschiedliche Methoden. Gestützt auf Leimgruber und Prochinig wird im folgenden Teil der Arbeit die Discounted Cashflow Methode (DCF) erklärt.

Es gibt diverse Gründe, um ein Unternehmen bewerten zu wollen. Leimgruber und Prochinig zählen folgende Gründe dafür auf:

- Kauf oder Verkauf eines Unternehmens
- Fusion von zwei oder mehreren Unternehmen
- Nachfolgeregelung der Erbteilung
- Finanzanalyse
- Berechnung des Shareholder Values
- Basis für Mitarbeiterbeteiligungen
- Vorbereitung eines Going Public
- Fiskalpolitische Zwecke (Leimgruber, Prochinig 2012: 155)

Leimgruber und Prochinig (2012) erklären weiter, dass als Ausgangspunkt der Free Cashflow ermittelt werden muss, um die künftigen Einnahmenüberschüsse aufzuzeigen. Anders als der Gewinn, zeigt der Free Cashflow somit eine tatsächliche Grösse, welche buchhalterische Eingriffe, wie Abschreibungen und Rückstellungsbildung, nicht berücksichtigt. Um den Free Cashflow zu bestimmen, müssen die kompletten Geldflüsse aus den Betriebstätigkeiten und Investitionstätigkeiten bekannt sein (Leimgruber, Prochinig 2012: 155). Tabelle 3 zeigt ein Berechnungsverfahren, um die Free Cashflows von einem Unternehmen über drei Jahre hinweg zu ermitteln.

	20_1	20_2	20_3ff
Geldfluss aus Betriebstätigkeiten (Cashflow)			
./. Zahlungen von Kunden	200	220	250
./. Zahlungen an Lieferanten	-120	-130	-150
./. Zahlungen ans Personal	-30	-35	-38
./. Zahlungen für Miete	-10	-10	-10
./. Zahlungen für übrigen Aufwand	-15	-15	-17
= Cashflow (brutto)	25	30	35
./. Gewinnausschüttung	-12	-15	-18
= Cashflow (netto)	13	15	17
Cashflow aus Investitionstätigkeiten			
./. Investitionen (Kauf Anlagevermögen)	-20	-20	-20
./. Desinvestitionen Verkauf Anlagevermögen)	0	0	6
= Free Cashflow	-7	-5	3

Tabelle 3: Beispiel einer Free Cashflow Berechnungsmethode
Quelle: in Anlehnung an Leimgruber, Prochinig (2012: 38)

Für die Unternehmensbewertung reicht aber die Berechnung eines Cashflows für ein einzelnes Jahr nicht aus, da dies nur eine isolierte Grösse ist und nicht eine Entwicklung aufzeigt. So kann es sein, dass Unternehmen mit einem anfänglich tiefen oder gar negativen Cashflow einfach einen hohen Anlagebedarf haben. Um eine Aussage über den Unternehmenswert machen zu können, müssen daher die Barwerte aller künftigen Free Cashflows berücksichtigt werden (Leimgruber, Prochinig 2012: 155).

Die Barwerte werden benötigt, weil diese den kalkulatorischen Zinsfuss berücksichtigen. Gemäss Leimgruber und Prochinig wird der Zinsfluss für Investitionen hauptsächlich auf Grund von den längerfristigen gültigen Zinssätzen im Kapitalmarkt festgelegt, um kurzfristige Zinsschwankungen auszuschalten. Der kalkulatorische Zinsfuss beinhaltet:

- Kapitalmarktzinsfuss für sichere und langfristige Anlagen
- Zuschlag für das allgemeine Unternehmerrisiko
- Objekt- bzw. branchenspezifischer Zu- oder Abschlag
- Eventuelle Inflationsprämien (Leimgruber, Prochinig 2012: 127)

Folglich bedeutet dies, dass je mehr Risiko mit der Investition verbunden ist, desto höher wird der Zinsfuss ausfallen. Dies lässt sich damit begründen, dass Kapitalgeber eine höhere Entschädigung erwarten, wenn sie ihr Kapital in Projekte investieren, die mit mehr Risiko behaftet sind, als andere (Leimgruber, Prochinig 2012: 127).

Wenn der kalkulatorische Zinsfuss bekannt ist, kann der Barwert mit folgender Formel berechnet werden:

$$\text{Barwert} = \frac{\text{Cashflow}_t}{(1+\text{Kalkulationszinssatz}/100)^t}$$

Wie bereits erläutert wurde, müssen für die Berechnung des Unternehmenswerts alle Barwerte der künftigen Free Cashflows aufsummiert und am Schluss mit dem sogenannten Endwert addiert werden. Die Formel für den Unternehmenswert, mithilfe der DCF Methode, lässt sich dabei folgendermassen darstellen:

$$\text{Unternehmenswert} = \sum_{t=1}^{n} \frac{\text{Free Cashflow}_t}{(1+\text{Kalkulationszinssatz}/100)^t} + \frac{\text{Endwert}_u}{(1+\text{Kalkulationszinssatz}/100)^u}$$

2.7.3 Kostenvergleich ohne Liquidationserlös mit dem statischen Rechenverfahren

Das statische Rechenverfahren basiert auf einer periodisierten, durchschnittlichen Betrachtungsweise für Investitionen und wird für Kostenvergleiche, Gewinnvergleiche, Renditenrechnungen und Amortisationsrechnungen benötigt (Leimgruber, Prochinig 2011: 129).

Beim Kostenvergleich werden bei zwei oder mehreren Investitionsobjekten die anfallenden Kosten über eine bestimmte Periode verglichen. Sollte das Investitionsobjekt am Ende seiner Nutzung liquidiert werden, so könnte der Erlös berücksichtig werden (Leimgruber, Prochinig 2011: 129). Für diese Arbeit ist jedoch nur das Rechenverfahren für einen Kostenvergleich ohne Liquidationserlös interessant.

Leimgruber und Prochinig zeigen anhand der Tabelle 4, wie eine solche Rechnung aussehen könnte, basierend auf den Beispielangaben aus Tabelle 5.

	Anlage A	Anlage B
Jährliche Betriebskosten	300	200
Jährliche Abschreibung	100	150
Zins auf Durchschnittskapital	20	36
Jährliche Gesamtkosten	420	386
Rangfolge	**2**	**1**

Tabelle 4: Beispiel für einen Kostenvergleich ohne Liquidationserlös
Quelle: Leimgruber, Prochinig (2011: 130)

	Anlage A	Anlage B
Jährliche Betriebskosten	300	200
Kapitaleinsatz (= investiertes Kapital)	500	900
Nutzungsdauer	5 Jahre	6 Jahre
Liquidationserlös	0	0
Kalkulatorischer Zinsfuss	8%	8%

Tabelle 5: Beispielangaben für einen Kostenvergleich ohne Liquidationserlös
Quelle: Leimgruber, Prochinig (2011: 130)

Zu beachten ist, dass für das hier erwähnte Rechenverfahren der Abschreibungsbetrag und der Zins auf das Durchschnittskapital errechnet werden müssen (Leimgruber, Prochinig 2011: 130).

Formel für den Abschreibungsbetrag:

$$\text{Abschreibung} = \frac{\text{Kapitaleinsatz}}{\text{Nutzungsdauer}}$$

Formel für das Durchschnittskapital:

$$\text{Zins auf Durchschnittskapital} = \frac{\text{Kapitaleinsatz x Kalkulatorischer Zinsfuss}}{2}$$

Gewählt wird schlussendlich immer das Investitionsobjekt, bei welchem die jährlichen Gesamtkosten am geringsten ausfallen (Leimgruber, Prochinig 2011: 129). Deswegen ergibt im gegebenen Beispiel das Resultat die Anlage B, wie die Angabe zur Rangfolge zeigt.

2.8 Strategische Analysen

Bis hierhin wurde nun erklärt, wieso Strassenbeleuchtungen eingesetzt werden sollen und welche Technologien hinter dem Produkt stehen, das durch diese Thesis analysiert wird. Dazu wurden die Rahmenbedingungen und möglichen Förderungsprogramme in der Schweiz geschildert. Auch wie der Preis für ein spezifisches Produkt gesetzt und der Unternehmenswert berechnet werden kann, wurde erläutert.

Um aber bestimmen zu können, ob ein Produkt auf dem Markt Erfolg haben könnte, muss überprüft werden, ob die Eigenschaften des Produktes mit den Kundenbedürfnissen übereinstimmen.

In diesem Kapitel wird nun erschlossen, wie mit der neuen St.Galler Management Methode die Umwelt und die Anspruchsgruppen, welche für ein Unternehmen relevant sind, analysiert werden können. In einem nächsten Schritt wird mit dem Fünf-Kräfte-Modell eine Methodik zur Branchenstrukturanalyse erklärt. Danach werden die kritischen Erfolgsfaktoren erörtert und eine Methode, um diese für ein Unternehmen zu identifizieren. Im folgenden Kapitel wird erklärt, wie die eigenen Stärken und Schwächen erforscht und in einer SWOT-Analyse mit den kritischen Erfolgsfaktoren abgeglichen werden, um Chancen und Risiken zu evaluieren und so das mögliche Marktpotential aufzudecken.

2.8.1 Das Neue St. Galler Management-Modell

Gemäss Thommen (2008) soll ein Unternehmen gleichzeitig mit seiner Umwelt betrachtet und analysiert werden, da diese sich gegenseitig beeinflussen und prägen. Die Aufgabe eines Unternehmens besteht darin diese Beziehung zu beobachten und in seinen Entscheidungen zu berücksichtigen (Thommen, 2008: 49). Das neue St. Galler Management-Modell von Rüegg-Stürm bildet dafür ein geeignetes Hilfsinstrument, um alle Aspekte miteinzubeziehen. Die Abbildung 9 stellt das ganze Modell mit ihren sechs zentralen Begriffskategorien Umweltsphären, Anspruchsgruppen, Interaktionsthemen, Ordnungsmomente, Prozesse und Entwicklungsmodi integriert dar (Rüegg-Stürm 2003: 21)

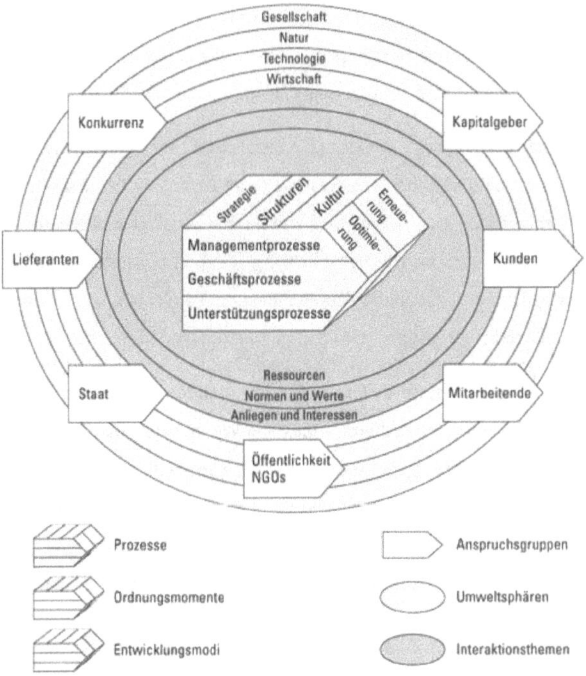

Abbildung 9: Das neue St. Galler Management-Modell
Quelle: Rüegg-Stürm (2003: 22)

Die nachfolgenden Unterkapitel beschäftigen sich mit den Begriffskategorien Umweltsphären, Anspruchsgruppen und Interaktionsthemen. Auf Ordnungsmomente, Prozesse und Entwicklungsmodi wird in dieser Arbeit nicht weiter eingegangen, da diese Elemente für die Produkteinführung nicht relevant sind.

2.8.1.1 Analyse der Umweltsphären

In seinem Modell unterscheidet Rüegg-Stürm (2003) zwischen vier Umweltsphären:

1. Gesellschaft
2. Natur
3. Technologie
4. Wirtschaft

Die Gesellschaft wiederspiegelt dabei die umfassendste Umweltsphäre, da sie entscheidet, wie mit der Natur, mit Technologien und der Wirtschaft in ihrer Umwelt umgegangen wird. Trends innerhalb der Gesellschaft, in der sich das Unternehmen bewegt oder bewegen möchte, müssen deshalb beobachtet und interpretiert werden, damit daraus die richtigen Schlüsse für die Unternehmung gezogen werden können. Würde sich beispielsweise die Einkommensverteilung stark verändern, muss das Unternehmen möglicherweise seine Zielgruppen neu definieren (Rüegg-Stürm 2003: 25).

Die Natur setzt die Ausgangslage, wie sich eine Gesellschaft, Technologie und Wirtschaft entwickelt hat. So etablierte sich die Fischerei beispielsweise an Orten, wo ein Meereszugang bestand und konstanter Fischfang möglich war. Entsprechend war die Gesellschaft viel mehr an technologischen Entwicklungen interessiert, welche den Fischfang steigern, als an jenen für die Landwirtschaft. Würde nun eine Umweltkatastrophe den Fischbestand vernichten, so müsste ein Unternehmen, welches sich im Fischfang betätigte, darauf reagieren (Rüegg-Stürm 2003: 25).

Ein Unternehmen sollte auch stets die für sich relevanten technologischen Entwicklungen im Auge behalten und sich dem entsprechend anpassen. Wenn eine neue Drucktechnologie nun die Betriebskosten von Druckern um 50% senken würde, wäre es für eine Druckerei fatal nicht in diese Technologie zu investieren, wenn es die gesamte Konkurrenz tut. Es sind nicht nur technologische Entwicklungen, die es zu beobachten gilt, sondern auch standortbezogene Technologie-Clusters. So konnten beispielsweise Unternehmen im Silicon Valley von ihrer Nähe zu den Entwicklungszentren profitieren (Rüegg-Stürm 2003: 26).

Die Wirtschafts-Umweltsphäre ist ebenfalls von Bedeutung für jegliches Unternehmen in der Umwelt. So würde es sich lohnen die Wirtschaft von Export-Ländern zu beobachten, um so günstige Importmöglichkeiten für sich zu beanspruchen (Rüegg-Stürm 2003: 26).

Diese vier Umweltsphären sind stark miteinander verflochten und deswegen können auch gewisse Entwicklungen nicht eindeutig zugeordnet werden. Rüegg-Sturm gibt dafür die Entwicklung im Immaterialgüterrecht als Beispiel, denn diese Entwicklung könnte der Umweltsphäre Gesellschaft und genauso gut der Umweltsphäre Wirtschaft oder Technologie zugeordnet werden. Wichtig ist aber nicht die eindeutige Zuordnung von Entwicklungen für das Modell, sondern es soll vielmehr eine Strukturierungshilfe sein, damit ein Unternehmen keine Entwicklung ausser Acht lässt (Rüegg-Stürm 2003: 27).

2.8.1.2 *Anspruchsgruppen und Interaktionsthemen*

Nach Rüegg-Stürm erbringt eine Unternehmung ihre Geschäftstätigkeiten in aktiver Interaktion mit verschiedenen Anspruchsgruppen. Diese Interaktionen basieren dabei auf ein faires Geben und Nehmen. Dabei unterscheidet Rüegg-Stürm (2003) folgende Interaktionsthemen als Gegenstand dieser Austauschbeziehung:

1. Anliegen und Interessen
2. Normen und Werte
3. Ressourcen (Rüegg-Stürm 2003: 33)

Ein Unternehmen muss sich grundsätzlich überlegen, welche Gruppen von Menschen, Organisationen und Institutionen von ihren Geschäftstätigkeiten betroffen sind und diese in Anspruchsgruppen mit ähnlichen Interessen bezüglich Interaktionsthemen zusammenfassen (Rüegg-Stürm 2003: 33).

Thommen (2008) bezeichnet die einzelnen Teile einer Anspruchsgruppen als Stakeholder, da ein „Stake" übersetzt Anspruch, Forderung, Erwartung, Interesse oder Recht bedeutet und erläutert *„Ein Stakeholder ist demnach jeder, der einen Anspruch an ein Unternehmen hat, weil er durch das Handeln dieses Unternehmens betroffen ist"* (Thommen 2008: 53).

Je nach Machtverhältnissen kann eine Anspruchsgruppe Macht auf das Unternehmen oder umgekehrt das Unternehmen auf die Anspruchsgruppe ausüben. Thommen wie auch Ulrich und Flurin unterscheiden grundsätzlich zwischen internen und externen Anspruchsgruppen. Die Tabelle 6 von Thommen, welche auf Ulrich und Flurin basiert, listet die wichtigsten acht Anspruchsgruppen und deren Interessen auf.

Anspruchsgruppen		**Interessen (Ziele)**
Interne Anspruchsgruppen	1. Eigentümer - Kapitaleigentümer - Eigentümer-Unternehmer	- Einkommen/Gewinn - Erhaltung, Verzinsung und Wertsteigerung des investierten Kapitals
	2. Management	- Selbständigkeit/Entscheidungsautonomie - Macht, Einfluss, Prestige - Entfaltung eigener Ideen und Fähigkeiten, Arbeit = Lebensinhalt
	3. Mitarbeiter	- Einkommen (Arbeitsplatz) - Soziale Sicherheit - Sinnvolle Betätigung, Entfaltung der eigenen Fähigkeiten - Zwischenmenschliche Kontakte (Gruppenzugehörigkeit) - Status, Anerkennung, Prestige (ego-needs)

Externe Anspruchsgruppen	4. Fremdkapitalgeber	- Sichere Kapitalanlage - Befriedigende Verzinsung - Vermögenszuwachs
	5. Lieferanten	- Stabile Liefermöglichkeiten - Günstige Konditionen - Zahlungsfähigkeit der Abnehmer
	6. Kunden	- Qualitativ und quantitativ befriedigende Marktleistung zu günstigen Preisen - Service, günstige Konditionen, usw.
	7. Konkurrenz	- Einhaltung fairer Grundsätze und Spielregeln der Marktkonkurrenz - Kooperation auf branchenpolitischer Ebene
	8. Staat und Gesellschaft - lokale und nationale Behörden - ausländische und internationale Organisationen - Verbände und Interessen-Lobbys aller Arten - Politische Parteien - Bürgerinitiativen - allgemeine Öffentlichkeit	- Steuern - Sicherung der Arbeitsplätze - Sozialleistungen - Positive Beiträge an die Infrastruktur - Einhalten von Rechtsvorschriften und Normen - Teilnahme an der politischen Willensbildung - Beiträge an kulturelle, wissenschaftliche und Bildungsinstitutionen - Erhaltung einer lebenswerten Umwelt

Tabelle 6: Anspruchsgruppen und ihre Interessen
Quelle: Ulrich, Flurin (1995): 79 in Thommen (2008): 54

Diese Stakeholder spezifischen Interessen sind stets zu beachtet und periodisch neu zu analysieren, um sich erfolgreich im Markt entwickeln zu können. Als wichtiger Faktor soll dabei auch das Machtverhältnis berücksichtigt werden. Sollte beispielsweise ein Treibstoff-Lieferant plötzlich der einzige mit Zugang zu Benzin sein, ist es für ein Unternehmen unabdingbar die Kooperation mit jenem Lieferanten aufrechtzuerhalten (Rüegg-Stürm 2003: 29). Der aktive Umgang mit den Stakeholdern sollte, gemäss Thommen, einem Stakeholdermanagement zugrunde liegen und drei Schwerpunkte umfassen:

1. Zu Beginn sollten die Relevanten Stakeholdergruppen und deren Haltung dem Unternehmen gegenüber bestimmt werden. Weiter sollte auch deren Informationsstand, ihre Ziele, Massnahmen und Mitteln analysiert werden.
2. Die gewonnenen Erkenntnisse werden als nächstes in die eigene Strategie integriert.
3. Zu Letzt müssen die geplanten Massnahmen umgesetzt und das gesamte Stakeholderkonzept kontrolliert werden (Thommen 2008: 54-55).

Obwohl das Stakeholdermanagement ein wichtiger Bestandteil für eine erfolgreiche Marktpositionierung ist, wird es wird nicht weiter vertieft, da es für diese Studie irrelevant ist.

2.8.2 Branchenstrukturanalyse mit dem Fünf-Kräfte-Modell von Porter

Laut Grünig und Kühn (2014) wird mittels einer Brachenanalyse die Wettbewerbsintensität unter den Anbietern in einem Markt aufgezeigt. Die Marktintensität beeinflusst dabei die

Marktattraktivität, welche ein ausschlaggebender Faktor für die unternehmerische Entscheidung ist, ob Investitionen in diesem Markt getätigt werden sollen oder nicht (Grünig, Kühn 2014: 121).

Mit dem Fünf-Kräfte-Modell wird die Branchenstruktur oberflächlich beurteilt, um die besagte Wettbewerbsintensität unter den Anbietern eines bestimmten Marktes aufzudecken. Das Model lässt sich gut in einem Markt anwenden in dem die Anbieter vergleichbare Erfolgspotentiale aufweisen. Beim Modell wird der Wettbewerb unter den Anbietern in fünf Merkmalen, den sogenannten Wettbewerbskräften, aufgetrennt:

- Die Verhandlungsstärke der Abnehmer
- Die Verhandlungsstärke der Lieferanten
- Die Bedrohung durch neue Konkurrenten
- Die Bedrohung durch Substitutionsprodukte
- Rivalität unter den Wettbewerbern (Grünig, Kühn 2014: 121-122).

Abbildung 10 zeigt diese fünf Kräfte mit den wichtigsten Kriterien, die zur Beurteilung der Wettbewerbskräfte relevant sind:

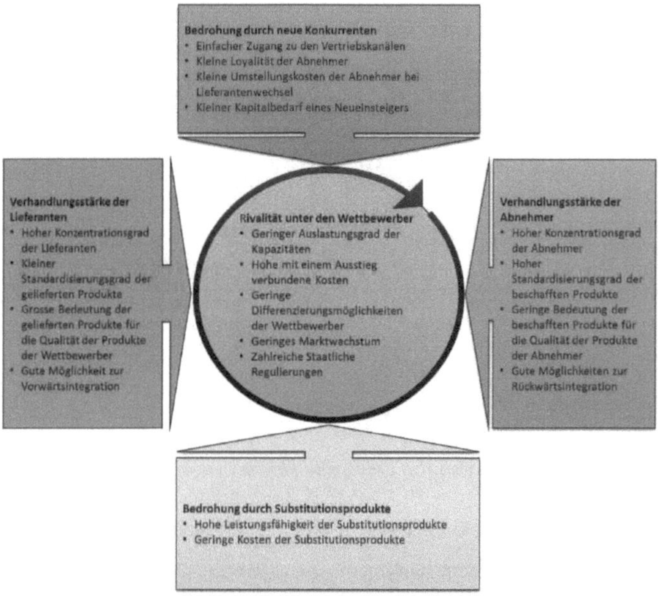

Abbildung 10: Fünf-Kräfte-Modell nach Porter mit den wichtigsten Kriterien
Quelle: in Anlehnung an Grünig, Kühn (2014: 124)

Die Analyseergebnisse erlauben einem Unternehmen akkurater zu beurteilen ob ein Markteintritt oder zusätzliche Investitionen in den Markt sinnvoll sind.

2.8.3 Analyse der kritischen Erfolgsfaktoren

Huber definiert die kritischen Erfolgsfaktoren (KEF) als zentrale Schlüsselfaktoren, welche den unternehmerischen Erfolg bzw. Misserfolg direkt beeinflussen. Um diese zu identifizieren werden zuerst eigene Annahmen zu potentiellen Erfolgsfaktoren gemacht. Als nächstes wird evaluiert welche dieser potentiellen Erfolgsfaktoren tatsächlich kritisch sind. Dazu werden diese im Vergleich zu den Wettbewerbern analysiert und durch Bewertungen von Kunden und dem eigenen Management gewichtet. Um die KEF zu evaluieren, kann gemäss Huber auch auf die die PIMS-Datenbank zurückgegriffen werden. Diese Datenbank beinhalten Faktoren, welche von mehr als 3'000 Unternehmen als Basis für einen möglichen Erfolg angegeben wurden. In Abbildung 11, werden 18 der wichtigsten Faktoren für einen Markterfolg gemäss PIMS aufgezeigt. Auf jeden Fall sollten aber auch die Wettbewerber im Markt und die Bewertung von Kunden und Management berücksichtigt werden. Dafür könnte mithilfe der Methode zur Evaluierung des Marktpotentials die dafür nötigen Erkenntnisse gewonnen werden (Huber 2008: 156-160); (PIMS 2015: o.S.).

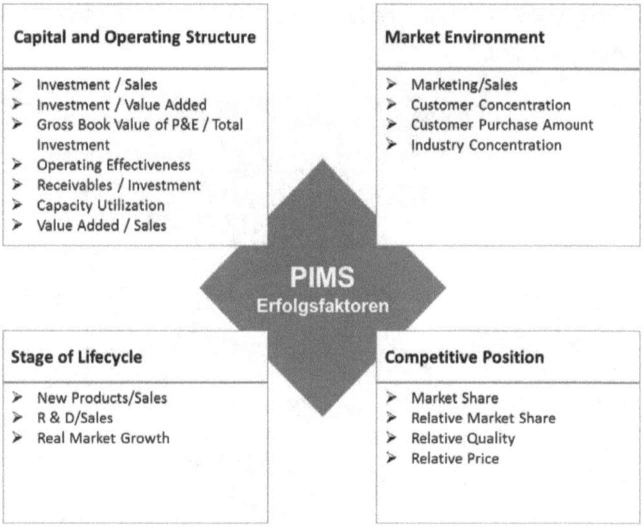

Abbildung 11: Die 18 Wichtige Erfolgsfaktoren gemäss PIMS
Quelle: in Anlehnung an PIMS (2015: o.S.)

2.8.4 Marktforschungsmethoden zur Evaluierung des Marktpotenzials

Das Marktpotenzial ist elementar, um entscheiden zu können, ob sich ein Markteintritt für ein bestimmtes Produkt lohnt oder nicht. Um das Potenzial abwägen zu können, muss zuerst eine umfassende Marktforschung betrieben werden. Die diversen Methoden der Marktforschung werden in Abbildung 12 aufgezeigt.

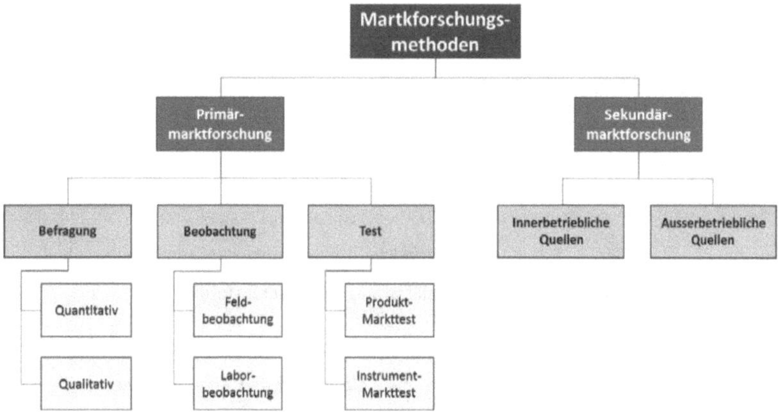

Abbildung 12: Marktforschungsmethoden
Quelle: Thommen (2008: 143)

Thommen erklärt, dass bei der Primärmarktforschung eine Erhebung konzipiert wird, um exakte Informationen für eine bestimmte Problemstellung zu gewinnen. Folglich werden vorrangig neue Informationen generiert, als dass bereits erhobenen Daten verarbeitet werden. Für diese Art von Forschung gibt es verschiedene Arten von Erhebungstechniken:

- Quantitative Umfragen
- Qualitative Umfragen
- Omnibus Umfragen
- Panel
- Feldbeobachtung
- Laborbeobachtung (Thommen 2008: 143-144)

Mit Qualitativen Umfragen werden in erster Linie Motiv-und Meinungserhebungen durchgeführt anhand eines Leitfadens durchgeführt. Qualitative Umfragen können telefonisch, schriftlich oder persönlich durchgeführt werden, um die grundlegenden Einstellungen der Befragten zu einer Thematik zu ergründen (Thommen 2008: 144). Die anderen Methoden der Primärmarktforschung werden nicht weiter vertieft, da sie innerhalb dieser Studie nicht verwendet werden.

Die Sekundärmarktforschung stützt sich auf Informationen, die bereits vorhanden sind. Dabei werden zum einen innerbetriebliche Quellen, die aus dem eigenen Unternehmen stammen, oder auch ausserbetriebliche Quellen herangezogen. Diese Methode ist oft der erste Schritt für die Marktforschung und dient dabei als eine Voraussetzung für spätere Primärmarktforschung (Thommen 2008: 142).

2.8.5 Die SWOT-Analyse für eine strategische Planung

Die gewonnen Erkenntnisse aus der Analyse der Umweltsphären, Anspruchsgruppen und ihren Interessen, Branchenanalyse, Kritische Erfolgsfaktoren und Marktpotentials sind Grundlagen für eine SWOT-Analyse, die verwendet werden kann, um eine Entscheidung über einen Markteintritt zu fällen.

Bei der SWOT-Analyse werden zuerst die Stärken, Schwächen, Chancen und Gefahren für die Unternehmung identifiziert und in einem zweiten Schritt miteinander verknüpft. Die Ergebnisse dieser Verknüpfung dienen zur Ableitung für die die strategischen Herausforderungen (Grünig, Kühn 2014: 179).

Probst und Wiedemann (2013) erklären, dass die wichtigsten Ergebnisse der Umfeld-Analyse (beispielsweise die Analysen der Umweltsphären und Anspruchsgruppen) als Chancen und Risiken in die SWOT-Analyse einfliessen sollten. Dabei sollte die Frage gestellt werden, welche externen Entwicklungen dem Unternehmen einen Wettbewerbsvorteil verschaffen könnten oder das Unternehmen in seiner Attraktivität bedrohen könnten. (Probst, Wiedemann 2013: 72)

Die Stärken und Schwächen einer Organisation lassen sich aus internen Untersuchungen ableiten. Eine Stärke oder Schwäche wird erst im Vergleich zu anderen Organisationen aufgedeckt. In der SWOT-Analyse werden zentral nur diejenigen Stärken und Schwächen aufgeführt, welche auf einen Vor- oder Nachteil gegenüber der Konkurrenz hindeuten. Dies kann unter anderem durch eine Befragung von Kunden mittels Brachenanalyse gewonnen werden oder auch mithilfe der KEF-Methode evaluiert werden. Auch eine Anwendung der Wettbewerbsanalyse nach Porter wäre für die Evaluierung der Stärken und Schwächen sehr hilfreich. (Grünig, Kühn 2014: 179); (Huber 2008: 223-224); (Probst, Wiedemann 2013: 72). Auf die Wettbewerbsanalyse nach Porter wird in dieser Studie jedoch nicht weiter eingegangen, da zu wenige Informationen über die Konkurrenz und deren Produkte vorliegen.

Die identifizierten Chancen, Risiken, Stärken und Schwächen werden gemäss Probst und Wiedemann einem SWOT-Raster dargestellt (Probst, Wiedemann 2013: 73).

Externe Analyse	
Opportunities *(Chancen)*	Threats *(Gefahren)*
O_1: Klare Differenzierung von der Konkurrenz: Individuelle Kundenbetreuung auf hohem Qualitätsniveau, die die Kundenerwartungen übertrifft.	T_1: Wettbewerb wird über intensive Preispolitik und Marketingaktivitäten gesteuert
O_2: Aufbau von Marktanteilen durch intensive Kundenbindung	T_2: Mehraufwand in der Kundenbetreuung führt wegen steigender Preissensitivität und Kundenansprüche nicht zum Mehrerlös
O_3: Kooperation eingehen für Aufbau eines Gebrauchtwagen-Zentrums	T_3: Zunehmender Umsatzdruck des Auto-Herstellers schränkt langfristige Unternehmensentwicklungen ein
Interne Analyse	
Strengths *(Stärken)*	Weaknesses (Schwächen)
S_1: Top-Produkte und -Infrastruktur	W_1: Schnittstelle Verkauf und Aftersales
S_2: Gute Mitarbeiter	W_2: Produktivität in der Werkstatt
S_3: Grosse Nähe zum Kunden	W_3: Strukturelle und personelle Kapazitätsengpässe

Tabelle 7: SWOT-Raster mit Beispielen von Probst und Wiedemann für einen Autohersteller
Quelle: in Anlehnung an Probst, Wiedemann (2013: 74)

Als nächstes werden die Chancen und Risiken mit den Stärken und Schwächen verknüpft. Dabei sind vier verschiedene Kombinationen möglich. Zu jeder Kombinierungsmöglichkeit empfehlen Probst und Wiedemann unterschiedliche Überlegungen:

- Strengths-Opportunities: (SO): Wie kann eine eigene Stärke für eine Chance eingesetzt werden, um sich einen Wettbewerbsvorteil gegenüber Konkurrenten zu verschaffen?
- Strengths-Threats (ST): Wie sollte eine Stärke verwendet werden, um eine Gefahr abzuwenden?
- Weakness-Opportunities (WO): Wie kann sich aus einer eigenen Schwäche eine Chance entwickelt werden? Wie kann eine Schwäche zu einer Stärke umgewandelt werden?
- Weaknesses-Threats (WT): Was muss, bezogen auf die Schwäche, unternommen werden, um eine Gefahr zu trotzen oder zu meiden? Ziel dabei ist es, die eigene Organisation präventiv vor Schäden zu schützen (Probst, Wiedemann 2013: 74 - 75).

Nachdem die Verknüpfungen erstellt wurden, sollten in einem nächsten Schritt entsprechende Strategien für das Unternehmen geplant werden. Gemäss Probst und Wiedemann lassen sich die möglichen Strategien folgendermassen beschreiben:

- SO-Strategie: Eigene Stärke zur Realisierung von Chancen nutzen.
- ST-Strategie: Eigene Stärken zur Reduktion oder Umgehung einer Gefahr.
- WO-Strategie: Eigene Schwäche abbaue oder fehlende Stärke aufbauen, um eine Chance zu nutzen.
- WT-Strategie: Eigene Schwächen abbauen, um Gefahren zu vermeiden oder Massnahmen ergreifen, damit die Schwächen nicht von der Bedrohung betroffen werden (Probst, Wiedemann 2013: 75).

Bezogen auf Tabelle 7 lassen sich die Ergebnisse einer SWOT-Analyse darstellen, wie es in Tabelle 8 gezeigt wird.

	Strengths	Weaknesses
Opportunities	**SO-Strategien** • $S_{2+3}O_1$: Klare Differenzierung von der Konkurrenz durch individuelle, qualitativ hochstehende Kundenbetreuung	**WO-Strategien** • W_3O_3: Aufbau einer Gebrauchtwagen-Zentrums durch Kooperation mit anderen Händlern
Threats	**ST-Strategien** • $S_{1+2}T_1$: Kompensation der aggressiven Preispolitik der Mitbewerber über Positionierung als Qualitäts-Dienstleister auf der Basis enger Kunden-Beziehungen	**WT-Strategien** • W_2T_2: Interne Prozesse verbessern, um im dynamischen Wettbewerb fit zu sein

Tabelle 8: Ergebnis einer SWOT-Analyse mit Beispielen von Probst und Wiedemann für einen Autohersteller
Quelle: in Anlehnung an Probst, Wiedemann (2013: 76)

Ziel der SWOT-Analyse wird es für diese Studie sein, Strategien für *nheohybrid 400* zu entwickeln, um das Potential eines Markterfolgs zu vergrössern. Sollten für das Unternehmen keine geeigneten oder umsetzbaren Strategien entwickelt werden können, wird davon ausgegangen, dass ein Markterfolg auszuschliessen ist.

2.9 Zwischenfazit und Bildung der Hypothese

Die in diesem Teil der Arbeitet erforschtem und aufgezeigtem Resultate, dienen als Ausgangslage für die Festlegung der methodischen Vorgehensweise. So wurde das nötige Wissen zu den Technologien vermittelt, die wichtigsten Eigenschaften der *nheohybrid 400* aufgezeigt und Aspekte erforscht, welche es im Schweizer Markt zu beachten gibt. Es wurden auch die Methoden und Analysen erklärt, die im Rahmen dieser Studie für die Analyse des Markterfolgspotenzials von hybriden und autonomen Strassenbeleuchtung verwendet werden. Damit ist nun das Fundament gelegt, um in den folgenden Teilen der Studie das Potential eines Markterfolgs für die *nheohybrid 400* zu evaluieren.

3 METHODISCHE VORGEHENSWEISE

In diesem Teil der Arbeit wird nun erklärt wie im praktischen Teil vorgegangen wird. Dazu werden zuerst die Forschungsfragen und Hypothesen gebildet. Diese ergeben das Fundament für die Methodenwahl und die Entscheidung wie bei den Methoden vorgegangen wird. Danach wird genauer spezifiziert welche Berechnungen, Analysen und bestehenden Umfragen für die gewählte Methode verwendet werden. Auch die Experten, welche für den praktischen Teil befragt wurden, werden vorgestellt, und es wird genauer erläutert, welche Fragetechniken zum Einsatz kommen.

3.1 Forschungsfragen und Hypothesen

Die Zielsetzung der Arbeit ist es herauszufinden, ob für die Firma *Koinmo GmbH* mit der hybriden und autonomen Strassenbeleuchtung ein Markteintritt lukrativ ist. Um dies herauszufinden muss empirisch untersucht werden, ob ein Markterfolg möglich ist. Aufgrund dieser Ausgangslage, lassen sich die folgenden relevanten Forschungsfragen mit den entsprechenden Hypothesen für den praktischen Teil bilden:

Forschungsfrage 1: *Ist ein Markteintritt für die Koinmo GmbH ökonomisch rentabel?*

Hypothese 1: Die Berechnungen des DCF indizieren, dass mit prognostizierten künftigen Geldflüssen, ein ökonomisch rentables Produkt vorliegt.

Forschungsfrage 2: *Ist nheohybrid 400 für Kunden wirtschaftlich gesehen eine bessere Investition als die Alternativen?*

Hypothese 2: Mittels Kostenvergleich und unter Berücksichtigung von möglichen Förderungsmassnahmen wird bewiesen, dass für potentielle Kunden die *nheohybrid 400*, aus einer ökonomischen Perspektive, gegenüber den Alternativen zu bevorzugen ist.

Forschungsfrage 3: *Kann nheohybrid 400 in der Schweiz sinnvoll eingesetzt werden?*

Hypothese 3: Basierend auf den Produkteigenschaften im Zusammenhang mit externen Analysen kann ausgesagt werden, dass die *nheohybrid 400* in der Schweiz sinnvoll eingesetzt werden kann.

Forschungsfrage 4: *Besteht in der Schweiz für die nheohybrid 400 ein Potential für einen Markterfolg?*

Hypothese 4: Unter Berücksichtigung aller Aspekte kann gesagt werden, dass ein Markterfolg in der Schweiz für nheohybrid 400 möglich ist.

Basierend auf diesen definierten Forschungsfragen und Hypothesen soll ermittelt werden, ob ein Potential für den Markterfolg in der Schweiz für *nheohybrid 400* besteht. Die Hypothesen sollen durch die Anwendung von verschiedenen Berechnungen und Analysen, unter Berücksichtigung der erarbeiteten Theorie und mittels Befragungen unterschiedlicher Experten zu dieser Thematik, erwiesen werden.

3.2 Methodenwahl

Diese Arbeit kommt im Grunde einer Marktforschung gleich. Dafür wurden mittels Analysen die erarbeiteten Forschungsergebnisse aus dem theoretischen Teil, als Sekundärmarktforschung, durch Befragungen von potentiellen Stakeholdern, im Sinne einer Primärmarktforschung, geprüft. Als Methode für die Befragungen von Experten wurden moderne qualitative Forschungsmethoden angewandt. Zum einen wurden Experten persönlich, anhand von einem Leitfaden interviewt und zum anderen mit einem schriftlichen Fragebogen zur Thematik befragt. Ziel dabei war es relevante Einsichten von möglichen Stakeholdern zu erhalten.

3.3 Methodische Vorgehensweise

Um mit den Analyse-Modellen aus dem theoretischen Teil zu arbeiten, musste als Grundlage ein Preis, unter Berücksichtigung preispolitischer Kriterien, für das Produkt bestimmt und betriebswirtschaftliche Berechnungen für die Unternehmung und für Kunden ausgeführt werden. Gestützt auf das Neue St. Galler Management Model wurde daraufhin die Umweltsphäre, die Anspruchsgruppen und deren möglichen Interessen evaluiert. Danach wurde mit dem Fünf-Kräfte-Modell von Porter eine Branchenanalyse durchgeführt. Für diese Umfeld-Analysen wurden durch Interviews die relevanten Aspekte aufgedeckt. Als nächstes wurden die potentiellen Erfolgsfaktoren eruiert. Als Grundlage dafür diente das Interview mit dem Geschäftsführer, Kim Khim Chua. Aus den potentiellen Erfolgsfaktoren wurden in einem weiteren Schritt die kritischen Erfolgsfaktoren herauskristallisiert. In diesem Vorgehen wurden auf die diversen Interviews zurückgegriffen, um die unterschiedlichen Perspektiven miteinander abzugleichen.

3.4 Festlegungen der zu verwendenden Berechnungen

Um die ökonomische Rentabilität der Strassenbeleuchtung zu eruieren, wurde mit der DCF-Methode der Unternehmenswert berechnet. Um diese aber bestimmen zu können, wurde zuerst der Marktpreis festgelegt. Die Preiselastizität wurde bei der Preissetzung nicht berücksichtigt, da diese für die Studie nicht benötigt wurde.

Es wurde ebenfalls einen Kostenvergleich der jährlichen Gesamtkosten zwischen der *nheohybrid 400* und einer Strassenbeleuchtung, die sich im heutigen Markt etablieren konnte, gemacht. Dieser Kostenvergleich zeigte auf, ob die *nheohybrid 400* aus einer rein ökonomischer Betrachtungsweise für potentielle Kunden eine sinnvollere Wahl ist als bestehende Alternativen.

3.5 Festlegung der zu verwendenden Analysemodellen

Mit dem Neuem St. Galler Management-Modell wurde die Umweltsphäre, die Anspruchsgruppen und deren repräsentativen Interessen evaluiert, um aufzuzeigen welche Aspekte für die hybride Strassenbeleuchtung relevant sind.

Mit dem Fünf-Kräfte-Modell von Porter wurde als nächstes die Branche genauer analysiert, um die bestehenden Marktverhältnisse aufzeigen.

Die Ergebnisse der Analyse mit dem Neuem St. Galler Management-Modell und dem Fünf-Kräfte-Modell flossen in eine SWOT-Analyse hinein, um schliesslich einen möglichen Markterfolg abwägen zu können.

3.6 Festlegungen der zu verwendeten Umfragen

In dieser Arbeit wurde keine eigene Umfrage durchgeführt. Es wurde jedoch auf bestehende Daten von der *MACH Consumer* Umfrage zurückgegriffen, um eine Einsicht in die gesellschaftliche Haltung gegenüber erneuerbaren Energien aufzudecken. Die Resultate der Auswertungen flossen in die Analysen mit hinein.

Die Daten von der *MACH Consumer* Umfrage, die für die Auswertungen weiterverwendet wurden, befinden auf der beigelegten CD.

3.7 Festlegung der Experten für die Befragungen

Der Geschäftsführer von der *Koinmo GmbH* wurde mittels schriftlicher Befragung für diese Studie befragt. Das Ziel dabei war es relevante Faktoren für die strategischen Analysen aufzudecken. Die Befragung wurde über eine längere Periode, mit neuen Rückfragen zu gelieferten Antworten, durchgeführt, um möglichst detaillierte Antworten zu den gestellten Fragen zu erhalten.

Mit den folgenden Experten, die für unterschiedliche Gemeinden in der Schweiz tätig sind, wurden ebenfalls schriftliche Befragungen durchgeführt. Das Ziel des verwendeten Fragebogens bestand darin Faktoren aufzuzeigen, welche ausschlaggebend für einen potentiellen Markterfolg in der Schweiz zu berücksichtigen wären. Die Ergebnisse dienten repräsentativ für die ganze Schweiz:

- Adrian Blickenstorfer, Leiter Infrastruktur von der Gemeinde Egg (Kanton Zürich)
- Edgar Schreier, Leiter Strom von der Gemeinde Grenchen (Kanton Solothurn)
- Gion Hagmann, Leiter DLZ Infrastruktur von der Gemeinde Thalwil (Kanton Zürich)
- Stefan Illien, Leiter Werke von der Gemeinde Vaz/Obervaz (Kanton Graubünden)
- Marcel Frei, Leiter Tiefbau und Verkehr von der Stadt Will (Kanton St. Gallen)
- Martin Simioni, Mitglied der Geschäftsleitung der EWD Elektrizitätswerk Davos AG und Leiter für Netz & Dienstleistungen von der Gemeinde Davos (Kanton Graubünden)

Um die Repräsentativität der Schweiz zu gewährleisten wurden Gemeinden aus unterschiedlichen Regionen in der Schweiz ausgewählt. Aus sprachlichen Gründen wurden aber nur deutschsprachige Regionen berücksichtigt. Alle schriftlichen Interviews für die Gemeinden basierten auf demselben Fragebogen, welcher auf der beigelegten CD zu finden ist. Die einzige Abweichung lässt sich beim schriftlichen Interview mit Adrian Blickenstorfer von der Gemeinde Egg wiederfinden. Bei diesem Interview wurden noch zusätzlich Fragen formuliert, um Informationen über eine moderne Strassenbeleuchtung zu gewinnen, wie sie heute im Markt verwendet wird. Die Lösung von der Gemeinde Egg in dieser Studie mit dem Produkt der *nheohybrid 400* verglichen.

Es wurde zudem noch ein telefonisches Interview mit Giordano Pauli von Savenergy Consulting GmbH, einem Energieberater, durchgeführt, um zusätzliche Erfolgsfaktoren aufzudecken, die in den Analysen bedacht worden sind.

Ein weiteres schriftliches Interview fand mit Sandra Bürkle, Projektleiterin für Events und mit Sebastian Tomczyk, Fachverantwortlicher für Umwelt und Klimaschutz der Raiffeisen statt. In diesem sollte herausgefunden werden ob Unternehmen, welche sich für eine ökologisch nachhaltige Umwelt einsetzen, die *nheohybrid 400* als interessante Alternative betrachten und wie eine solche Massnahme ihrerseits aussehen könnte.

Ein ähnliches Ziel wurde mit dem persönlichen Interview mit Vincent Eckert der Klimastiftung Schweiz verfolgt. Es ging in diesem Interview insbesondere darum, ob hybride Strassenbeleuchtungen von einer Stiftung finanziell unterstützt werden könnte.

3.7.1 Fragebogen für die Befragung des Geschäftsführers von Koinmo GmbH

Mit Kim Khim Chua wurde der Geschäftsführer der *Koinmo GmbH* befragt. Im Mittelpunkt der Befragung standen die eigenen Unternehmensaspekte, um eine interne Analyse durchzuführen. Zusätzlich sollen auch wichtige externe Aspekte über die Umweltsphären, Anspruchsgruppen und die Branche gewonnen werden. Das Interview war sehr umfangreich und verlangte eine eigene Analyse seitens des Geschäftsführers. Deswegen wurde hierfür eine qualitative und schriftliche Methode ausgewählt, die es auch zulässt über eine längere Periode Rückfragen zu stellen. Der gesamte Fragebogen mit allen Antworten ist in der beigelegten CD einsehbar.

3.7.2 Fragebogen für die allgemeinen Befragungen von Experten aus den Gemeinden

Die Experten aus den Gemeinden wurden vorab telefonisch über die Ausganglage der Befragung informiert. Trotzdem wurde als Einführung in den Fragebogen nochmals einen kurzen Überblick zum Thema verschafft. Es wurde ebenfalls das genaue Vorgehen zur spezifischen Befragung erläutert. Der Fragebogen für die Experten wurde so konzipiert, dass eine Beantwortung aller Fragen innerhalb von 20 Minuten möglich war, um so die Bereitschaft der Befragten zu steigern den Fragebogen auszufüllen. Die Fragen waren wie gefolgt aufgestellt:

1. Zuerst sollten sich die Experten selber kurz vorstellen.
2. Als nächstes wurde um eine Einschätzung gebeten, ob ein autonome wind- und solarbetriebene Strassenbeleuchtung, für die eigene Gemeinde attraktiv wäre. Es wurde dabei auch um eine Begründung gebeten. Ziel dabei war es herauszufinden welche Faktoren in Bezug auf einen möglichen Kaufentscheid zugunsten der *nheohybrid 400* relevant wären. Somit wurden hautsächlich regionale Aspekte aufgezeigt.
3. Mit der nächsten Frage wurden relevante Faktoren für einen Erfolg im gesamten Schweizer Markt ergründet. Durch Antworten auf diese Frage, konnte eine Einschätzung des potentiellen Markterfolgs auf dem gesamten Schweizer Markt gemacht werden.
4. Abschliessend wurde um eigene Ergänzungen gebeten, die von den Experten zu dieser Thematik als relevant erachtet wurden. Damit wurde für die Studie abgesichert, dass keine wichtigen Aspekte vergessen gingen.

Alle beantworten Fragebogen befinden sich auf der beigelegten CD.

3.7.3 Fragebogen für die Befragung des Experten von der Gemeinde Egg bei Zürich

Die Gemeinde Egg wurde für eine umfangreichere schriftliche Befragung ausgewählt, weil der Wohnort des Geschäftsführers in dieser Gemeinde liegt. Dadurch wurde mit einer erhöhten Bereitschaft gerechnet, dass konkrete Informationen zu potentiellen Konkurrenzprodukten zu Verfügung gestellt würden. Abgesehen von einer Ergänzungsfrage zum aktuellen Produkt, welches für die neuen Strassenbeleuchtungen in der Gemeinde eingesetzt wird, wurde der Fragebogen genau gleich konzipiert, wie derjenige für die anderen Gemeinden. Damit wurden exakte Kostenangaben eingeholt, die einen akkuraten Kostenvergleich der *nheohybrid 400* mit einer herkömmlichen Strassenbeleuchtung zuliessen.

Der Fragebogen mit allen Antworten ist auf der beigelegten CD ersichtlich.

3.7.4 Fragebogen für die schriftliche Befragung von Experten zum Thema Sponsoring der Raiffeisen

Um zu evaluieren, ob für Kunden in der Schweiz die eine *nheohybrid 400* kaufen möchten, die Möglichkeit besteht von Firmen finanziell unterstützt zu werden, wurden mit Sandra Bürkle und Sebastian Tomczyk zwei Experten der Raiffeisen zu dieser Thematik befragt. Sandra Bürkle ist Projektleiterin für Events und Sebastian Tomczyk ist der Fachverantwortliche für Umwelt und Klimaschutz der Raiffeisen. Das Ergebnis dieser Umfrage wurde repräsentativ für das Potential von Sponsoring Engagements von Firmen in der Schweiz verwendet, die sich für eine ökologische nachhaltige Umwelt engagieren und so Innovationen wie die *nheohybrid 400* finanziell unterstützen würden. Der Fragebogen bestand nur aus drei Fragen, um die Bereitschaft zu verbessern, dass der Fragebogen auch beantwortet wurde. Mit den Fragen wurde folgendes ergründet:

1. Zuerst sollten sich die Experten selber kurz vorstellen.
2. Es wurde in Erfahrung gebracht, ob die Raiffeisen bereits Innovationen fördert, die auf Technologien zur Nutzung von erneuerbaren Energien basieren.
3. Es wurde aufgezeigt ob und wie die Raiffeisen die *nheohybrid 400* unterstützen würde.

Der Fragebogen mit allen Antworten befindet sich auf der beigelegten CD.

3.7.5 Leitfaden für die telefonische Befragung eines Energieberaters

Mit Giordano Pauli wurde ein Energieberater zu dieser Thematik befragt. Grund dafür war, dass ein unabhängiger Energieberater nicht an eine Region gebunden ist und auch auf mehr Erfahrung im Bereich erneuerbarer Energien mit sich bringt als andere Personen die zu diesem Thema befragt wurden. So wurden zusätzliche Aspekte aufgedeckt, die für die Studie bedeutsam waren. Für das telefonische Interview wurde ein Leitfaden mit einen groben Ablauf erstellt. Damit konnte auch besser auf gegebene Antworten mit Rückfragen reagiert werden.

Mit dem Leitfaden wurden folgende Punkte angesprochen:

1. Zuerst sollte sich der Experte selber kurz vorstellen.
2. Es wurde das Marktpotential für autonome wind- und solarbetriebene Strassenbeleuchtungen ergründet.
3. Es wurden die Voraussetzungen diskutiert, die erfüllt werden müssen, damit eine solche Strassenbeleuchtungen im Schweizer Markt bestehen könnte.
4. Es wurden Verbesserungsmöglichkeit am Produkt eruiert, um mögliche Produktanpassungen aufzeigen, die sich positiv auf den Markterfolg auswirken würden.
5. Zusätzlich wurden Personen identifiziert, die in der Schweiz die Verantwortung für die Planung von Strassenbedingungen haben.

Der Leitfaden und die Transkription des durchgeführten Interviews befinden sich auf der beigelegen CD.

3.7.6 Leitfaden für die persönliche Befragung des Experten von der Klimastiftung Schweiz

Beim Interview mit Vincent Eckert, Geschäftsführer der Klimastiftung Schweiz, stand die Frage im Fokus, ob solche nicht-staatliche Organisationen, ein Produkt wie dasjenige der *Koinmo GmbH* in irgendeiner Form unterstützen könnten und würden. Zusätzlich wurden mittels dieser Befragung relevante Faktoren zum Potential eines Markterfolgs ergründet.

1. Zuerst sollte sich der Experte selber kurz vorstellen.
2. Als nächstes wurde nach einer Beschreibung der Klimastiftung gefragt, welche Ziele sie verfolgt und wie sie sich finanziert.
3. Es wurde gefragt, ob eine Möglichkeit besteht, dass die Stiftung eine Innovation wie die der *Koinmo GmbH*, unterstützen würde. Antworten zu diesem Punkt wurden in einem direkten Zusammenhang zur Marktattraktivität der *nheohybrid 400* gesetzt, und beeinflusste das evaluierte Potential eines Markterfolgs.
4. Es wurden Voraussetzungen für die *nheohybrid 400* diskutiert, damit solche Strassenbeleuchtungen im Schweizer Markt bestehen könnten.
5. Letztlich wurde um eine Einschätzung des Markterfolgs für eine hybride solar- und windbetriebene Strassenbeleuchtung gebeten. Die Einschätzung haben dazu geführt, dass weitere bedeutsamen Faktoren für die *nheohybrid 400* aufgezeigt wurden.

Der Leitfaden und die Transkription des durchgeführten Interviews befinden sich auf der beigelegten CD.

3.8 Zwischenfazit

Nachdem in diesem Teil der Arbeit die Forschungsfragen und Hypothesen gebildet wurden, erfolgte die Erklärung, dass das Potential eines Markterfolgs mittels einer Marktforschung aufgezeigt werden soll. Es wurde erläutert, dass der Unternehmenswert mit dem DCF-Verfahren ermittelt wird, um für die *Koinmo GmbH* aufzuzeigen, ob der Verkauf der *nheohybrid 400* rentabel ist. Es wurde auch erklärt, dass mit einem Kostenvergleich für potentielle Kunden illustriert werden kann, ob die *nheohybrid 400* aus einer ökonomischen Perspektive eine sinnvolle Alternative zu anderen Produkten darstellt. Als nächstes wurde der Zweck der ausgewählten Analysemodelle erklärt. Im nächsten Unterkapitel wurde darauf eingegangen wieso die bestehende *MACH Consumer* Umfrage für die Studie verwendet wird. Zuletzt wurden die einzelnen Experten vorgestellt und die Befragungsmethoden erläutert. Nachdem die geplante Methodik detailliert behandelt wurde, wird diese im folgenden Teil der Arbeit praktisch umgesetzt.

4 PRAKTISCHER TEIL

4.1 Berechnungen als Grundlagen für die Analysen

Um eine Grundlage für die späteren Analysen zu schaffen werden in einem ersten Schritt des praktischen Teils der Studie relevante Berechnungen durchgeführt. Alle Angaben, die für die Berechnungen in diesem Unterkapitel 4.1 verwendet worden sind, stammen aus der schriftlichen Befragung des Geschäftsführers der Firma *Koinmo GmbH* (Chua 2015: 1-4) oder sind entsprechend verwiesen.

4.1.1 Preissetzung für das Produkt der Koinmo GmbH

Gemäss Preispolitik wird für das Produkt *nheohybrid 400* der Preis für eine neue Markteinführung festgelegt. Wie im theoretischen Teil der Arbeit erläutert wurde, sind zwei Variable dafür massgebend: Der Preis, den sich die Firma *Koinmo GmbH* vorstellt und der Preis der von der potentielle Nachfrage gewünscht wird. Aus dem schriftlichen Interview, welches mit Kim Khim Chua, dem Geschäftsführer der *Koinmo GmbH* durchgeführt wurde, ging hervor, dass das Unternehmen das Produkt zu einem Preis von CHF 3'800.00 auf den Markt bringen möchte. Der Preis wird von der Firma so vorgegeben, weil der Einkaufspreis inklusive Transportkosten von China in die Schweiz CHF 3'321.00 beträgt. Um die eigenen Kosten zu decken und zusätzlich einen Gewinn erzielen zu können, nennt das Unternehmen einen Betrag von CHF 3'800.00 als fairen Preis (Chua 2015: 3).

Um den Wunschpreis für die Nachfragenden zu eruieren, wird der Preis für eine moderne Strassenbeleuchtung herbeigezogen. Die Strassenbeleuchtung vom Typ *LED Speedstar (8m Kandelaber*) wird, gemäss schriftlichen Interview mit Adrian Blickenstorfer, von der Gemeinde Egg bei Zürich zu einem Preis von CHF 2'400.00 eingekauft und ist eine moderne Alternative (Blickenstorfer 2015: 2).

Da das Produkt der Firma *Koinmo GmbH* aber niedrigere Installations- und Betriebskosten haben sollte und auch einen Beitrag zur ökologischen Nachhaltigkeit liefern wird, werden die Preise von alternativen Produkten vorerst nicht berücksichtigt. Somit wird der Stückpreis für ein *nheohybrid 400* bei CHF 3'800.00 angesetzt und für die folgenden Berechnungen verwendet.

4.1.2 Berechnung des Unternehmenswert mit der DCF-Methode über zehn Jahre

In diesem Kapitel wird nun der Unternehmenswert mit der Discounted Cashflow Methode berechnet. Der Unternehmenswert wird hier aber nicht für das gesamte Unternehmung, sondern nur für das Geschäft mit *nheohybrid 400* bezogen. Dafür müssen zuerst alle Free Cashflows für eine Periode berechnet werden. Um die künftigen Free Cashflows berechnen zu können müssen zuerst alle für die Berechnung nötigen Variablen ermittelt werden. Die Variablen werden für eine einzelne Strassenbeleuchtung berechnet und später für die Prognose für die nächsten zehn Jahre hochgerechnet.

Es wird hier zehn mit Jahren gerechnet weil die Gemeinde Egg ihre Strassenbeleuchtungen über diese Periode in ihrer Buchhaltung abschreibt (Blickenstorfer 2015: 2).

Zahlungen von Kunden: Es wird mit dem Verkaufspreis von CHF 3'800.00 gerechnet. Es wird davon ausgegangen, dass im ersten Jahr ungefähr acht und im zweiten Jahr 32 *nheohybrid 400* verkauft werden können. Ab dem dritten Jahr sind jährlich 48 verkaufte Stücke geplant (Chua 2015: 3-4).

Es ist zu erwähnen, dass die *Koinmo GmbH* auch plant, Bestellungen direkt vom Hersteller aus China an die Kunden zu liefern. Dieses Geschäftsmodell würde zum Zuge kommen, wenn es sich um grössere Bestellmengen handelt oder der Kunde spezifische Anpassungen verlangt. Dieser Vorgang wird in dieser Berechnung nicht Berücksichtigt, obwohl *Koinmo GmbH* eine Provision erhalten würde (Chua 2015: 3).

Zahlungen an Lieferanten: Ziel ist es immer einen Lagerbestand von mindestens 16 Strassenbeleuchtungen zu haben. Dies entspricht genau einer Containerlieferung. Im ersten Jahr werden jedoch nur 16 Stücke gekauft. Je nachdem wie es läuft wird dann darauf aufgebaut. So ist es geplant bereits im folgenden zweiten Jahr den Lagerbestand bei mindestens 16 Stücken zu halten. Bei Neubestellungen werden stets 16 neue Strassenbeleuchtungen bestellt um die Transportkosten pro Stück so tief wie möglich zu halten. Da ab dem dritten Jahr mit jeweils 48 verkauften Stücken geplant wird, werden ab diesem Zeitpunkt jährlich 48 neue Beleuchtungen eingekauft. Dies entspricht drei jährlichen Containerlieferungen. Es wird also ab dem dritten Jahr immer so viel eingekauft, wie im Vorjahr verkauft wurde (Chua 2015: 3-4).

Zahlungen ans Personal: Es wird kein zusätzliches Personal für dieses neue Produkt eingestellt, sondern lediglich der Aufgabenbereich des Geschäftsleiters erweitert. Es ist jedoch möglich, dass externe Hilfskräfte auf Stundenlohnbasis Aufträge bezüglich diesen Strassenbeleuchtungen erfüllen müssen. Dafür wird mit einem Aufwand von CHF 5'000.00 über alle Jahre gerechnet, da der personelle Aufwand mit grösseren Bestellmengen nicht zwingend ansteigend muss (Chua 2015: 4).

Zahlung für Miete: Im Lagerraum wird neben den anderen Produkten von der *Koinmo GmbH* zusätzlicher Platz für die Strassenbeleuchtungen benötigt. Die monatlichen Kosten für die Lagerfläche betragen ungefähr CHF 200.00, was im ersten Jahr CHF 2'400.00 ausmachen würde. In den folgenden Jahren würde sich die Miete auf CHF 4'800.00 verdoppeln, damit genügend Platz für bis zu 32 Strassenbeleuchtungen vorhanden wäre (Chua 2015: 4).

Zahlungen für übrigen Aufwand: Die Kosten für übrigen Aufwand werden auf CHF 1'000.00 geschätzt (Chua 2015: 4).

Gewinnausschüttungen: Im ersten Jahr ist noch keine Gewinnausschüttung geplant. Im folgenden Jahr soll aber ein Gewinn von CHF 1'000.00 ausgeschüttet werden, danach CHF 2'000.00 und in den folgenden Jahren stets ein Betrag von CHF 3'000.00. Da die Firma zu 100% dem Geschäftsführer gehört, zahlt er sich diesen Gewinn selber aus (Chua 2015: 4).

Investitionen und Desinvestitionen: Es werden keine Investitionen und Desinvestitionen getätigt, welche die Strassenbeleuchtungen direkt betreffen werden.

In Tabelle 9 werden die Cashflows für die ersten zehn Jahre, ab dem nächsten Geschäftsjahr (Januar 2016), basierend auf den gegebenen Variablen, aufgeführt. Für die Übersichtlichkeit wurde aber das fünften bis neunte Jahr ausgeblendet, da sie einen gleichen Free Cashflow wie das vierte und zehnte Jahr aufweisen.

Jahr	2016	2017	2018	2019	2025ff
Anzahl Eingekaufter Strassenbeleuchtungen	16	32	48	48	48
Anzahl Verkaufter Strassenbeleuchtungen	8	32	48	48	48
Cashflow aus Betriebstätigkeiten					
./. Zahlungen von Kunden	Fr. 30'400	Fr. 121'600	Fr. 182'400	Fr. 182'400	Fr. 182'400
./. Zahlungen an Lieferanten	Fr. 53'136	Fr. 106'272	Fr. 159'408	Fr. 159'408	Fr. 159'408
./. Zahlungen ans Personal	Fr. 5'000	Fr. 5'000	Fr. 5'000	Fr. 5'000	Fr. 5'000
./. Zahlungen für Miete	Fr. 2'400	Fr. 4'800	Fr. 4'800	Fr. 4'800	Fr. 4'800
./. Zahlungen für übrigen Aufwand	Fr. 1'000	Fr. 1'000	Fr. 1'000	Fr. 1'000	Fr. 1'000
= Cashflow (brutto)	Fr. -31'136	Fr. 4'528	Fr. 12'192	Fr. 12'192	Fr. 12'192
./. Gewinnausschüttung	Fr. -	Fr. 1'000	Fr. 2'000	Fr. 3'000	Fr. 3'000
= Cashflow (netto)	Fr. -31'136	Fr. 3'528	Fr. 10'192	Fr. 9'192	Fr. 9'192
Cashflow aus Investitionstätigkeiten					
./. Investitionen	Fr. -	Fr. -	Fr. -	Fr. -	Fr. -
./. Desinvestitionen	Fr. -	Fr. -	Fr. -	Fr. -	Fr. -
= Free Cashflow	Fr. -31'136	Fr. 3'528	Fr. 10'192	Fr. 9'192	Fr. 9'192

Tabelle 9: Berechnung der Free Cashflows für die Ersten zehn Jahre

In Tabelle 10 werden in einem nächstes Schritt die einzelnen Barwertere für die gesamten zehn Jahre berechnet und für den DCF aufsummieren. Zu beachten ist, dass der Kalkulationszinssatz bei 5% angesetzt wurde, um die entsprechenden Free Cashflows für die Berechnung des Barwerts abzuzinsen. Dieser Zinssatz entspricht dem Rückzahlungszins für das Fremdkapital in der Höhe von CHF 60'000, welches die *Koinmo GmbH* aufnehmen müsste. Gemäss Erklärung im theoretischen Teil (Kapitel 2.7.2) besteht dieser Abzinsungsfaktor aus vier Variablen (Kapitalmarktzinsfuss für sichere und langfristige Anlagen, Zuschlag für das allgemeine Unternehmerrisiko, Objekt- beziehungsweise branchenspezifischer Zu- oder Abschlag und eventuell Inflationsprämien). Der Rückzahlungszins wird dabei mit dem Kapitalmarktzinsfuss gleichgesetzt. Die anderen Variablen werden in dieser Berechnung nicht miteinbezogen, da das Unternehmen keinem Investor das Risiko verzinsen muss, da es keinen branchenspezifischen Einfluss auf die Abzinsung gibt und weil keine folgenschweren Inflationsschwankungen in der Schweiz zu erwarten sind.

Jahr	Free Cashflow	t	Barwert
2016	Fr. -31'136	1	Fr. -29'653
2017	Fr. 3'528	2	Fr. 3'200
2018	Fr. 10'192	3	Fr. 8'804
2019	Fr. 9'192	4	Fr. 7'562
2020	Fr. 9'192	5	Fr. 7'202
2021	Fr. 9'192	6	Fr. 6'859
2022	Fr. 9'192	7	Fr. 6'533
2023	Fr. 9'192	8	Fr. 6'222
2024	Fr. 9'192	9	Fr. 5'925
2025	Fr. 9'192	10	Fr. 118'505
Unternehmenswert			**Fr. 141'159**

Tabelle 10: Berechnung des Unternehmenswertes mittels Barwerte für die ersten zehn Jahre

Auf die *nheohybrid 400* bezogen, weist Tabelle 10 einen Unternehmenswert von CHF 141'159.00 aus, was für die *Koinmo GmbH* ein rentabler Geschäftsfall bedeutet.

4.1.3 Kostenvergleich der jährlichen Gesamtkosten zwischen dem Produkt der Firma Koinmo GmbH mit einem Konkurrenzprodukt mittels Statistischem Rechenverfahren

Für einen Kostenvergleich werden zunächst die nötigen Variablen definiert. Die folgenden Angaben beruhen zum einen auf dem festgesetzten Preis in Kapitel 4.1.1 und zum anderen auf dem schriftlichen Interview mit Adrian Blickenstorfer, Leiter Infrastruktur von der Gemeinde Egg. Für den Kostenvergleich in Tabelle 12 werden die Angaben in Tabelle 11 nochmals zusammengefasst.

Kapitaleinsatz: Der Kapitaleinsatz setzt sich hier aus dem Stückpreis und den Installationskosten zusammen. Gemäss schriftlichen Interview mit Blickenstorfer werden die von der Gemeinde Egg (ZH) verwendeten Strassenbeleuchtung vom Typ *LED Speedstar* zu einem Stückpreis von CHF 2'400.00 eingekauft, während der Preis für eine *nheohybrid 400* bei CHF 3'800.00 angesetzt wurde. Laut Blickenstorfer (2015) entstehen bei der *LED Speedstar* fixe Installationskosten von CHF 720.00 und pro Meter Verkabelung variable Installationskosten von CHF 50.00. Je nach Belag wo für die Verkabelung gegraben werden muss, könnten aber höhere Kosten anfallen (Blickenstorfer 2015: 2). Für die Berechnung wird davon ausgegangen, dass für die Verkabelung 10 Meter zu CHF 50.00 gegraben werden muss und so nochmals Kosten von CHF 500.00 entstehen. Für die *nheohybrid 400* werden nur die CHF 720.00 mitgerechnet, da sonst keine Verkabelung nötig sein wird.

Jährliche Betriebskosten: Bei der *LED Speedstar* wurden jährlichen Betriebskosten von CHF 110.00 pro Stück angegeben, wobei die Stromkosten 90% bis 95% betragen (Blickenstorfer 2015: 2). Die jährlichen Betriebskosten für die Beleuchtung von der *Koinmo GmbH* werden auf CHF 50.00 geschätzt, da zwar keine Stromkosten anfallen dafür aber die Wartungskosten ein wenig höher ausfallen werden.

Nutzungsdauer: Die Strassenbeleuchtung der Gemeinde Egg wird über einen Zeitraum von zehn Jahren in ihrer Buchhaltung abgeschrieben (Blickenstorfer 2015: 2). Diese Angabe wird für die Nutzungsdauer beider Strassenbeleuchtung in der Berechnung verwendet.

Liquidationserlös: Für die Berechnung wird davon ausgegangen, dass keine der beiden Strassenbeleuchtungen später liquidiert wird.

Kalkulatorischer Zinsfuss: Für beide Produkte wird der kalkulatorische Zinsfuss bei 0% angesetzt, da kein Fremdkapital dafür aufgenommen werden muss und dieser auch nicht in einem solchen Kostenvergleich zwischen den beiden Strassenbeleuchtungen berücksichtigt werden muss. Falls ein Kunde eine Abzinsung berücksichtigen müsste, so sollte er die Berechnung entsprechend seiner Umstände selber durchführen.

	nheohybrid 400	LED Speedstar
Jährliche Betriebskosten	Fr. 50.00	Fr. 110.00
Kapitaleinsatz (= investiertes Kapital)	Fr. 4'520.00	Fr. 3'620.00
Nutzungsdauer	10 Jahre	10 Jahre
Liquidationserlös	0	0
Kalkulatorischer Zinsfuss	0%	0%

Tabelle 11: Vorgaben für den Kostenvergleich zwischen nheohybrid 400 und LED Speedstar

	nheohybrid 400	LED Speedstar
Jährliche Betriebskosten	Fr. 50.00	Fr. 110.00
Jährliche Abschreibung	Fr. 452.00	Fr. 362.00
Zins auf Durchschnittskapital	0	0
Jährliche Gesamtkosten	Fr. 502.00	Fr. 472.00
Rangfolge	**2**	**1**

Tabelle 12: Kostenvergleich zwischen nheohybrid 400 und LED Speedstar

Die Rangfolge zeigt, dass aus einer rein ökonomischen Perspektive, die *LED Speedstar* durch den Kunden gewählt werden müsste. Die Rangfolge könnte sich aber ändern, sollten grössere Installationskosten für die *LED Speedstar* nötig sein als geplant. Dies könnte der Fall sein, wenn das örtliche Stromnetz weiter entfernt liegt. Zusätzlich hätten auch mögliche Fördermassnahmen einen direkten Einfluss auf das Resultat, die hier ebenfalls nicht berücksichtigt wurden.

4.2 Analyse der Umweltsphären gemäss dem Neuem St. Galler Management-Modell

Ausgehend vom Neuen St. Galler Management-Modell werden in diesem Kapitel zuerst die vier Umweltsphären analysiert. Um relevanten Aspekte aufzuzeigen, werden neben der erarbeiteten Theorie auch Resultate aus den Expertenbefragungen verwendet. Die Ergebnisse werden in die weiteren Analysen einfliessen.

4.2.1 Gesellschaft

Bezogen auf die Gesellschaftliche Umweltsphäre spielt es für die Firma *Koinmo GmbH* eine wichtige Rolle, wie sich die Gesellschaft einerseits gegenüber nicht-schweizerischen Produkten Verhält und andererseits wie wichtig für sie ökologisch nachhaltige Produkte sind (Chua 2015: 1-3); (Pauli 2015: 2). Weiter kann auch die Ästhetik einer Strassenbeleuchtung ein relevanter Aspekt für die Gesellschaft darstellen (Illien 2015: 2).

4.2.1.1 Gesellschaftliche Haltung gegenüber nicht-schweizerischen Produkte

Gemäss der ***Swissness Worldwide Studie*** (Kapitel 2.6.6) werden in der Schweiz einheimische Produkte grundsätzlich bevorzugt. Das Interview mit Energieberater Giordano Pauli (2015) unterstützt dieses Ergebnis, denn laut ihm würden Produkte die in der Schweiz oder nur schon in Europa hergestellt werden, die Attraktivität des Produkts fördern. Er weist aber auch darauf hin, dass beispielsweise Solarmodule aus China im Schweizer Markt schon akzeptiert sind und ungefähr 80% des Marktes ausmachen (Pauli 2015: 2). Pauli und Chua vermuten beide, dass es womöglich schon genügt, wenn nur die Teile in China hergestellt und in der Schweiz dann zusammengebaut werden (Chua 2015: 3); (Pauli 2015: 2); Wie in Kapitel 2.6.6 aber erläutert wurde, müsste 60% der Herstellungskosten in der Schweiz anfallen, damit das Produkt als „Made in Switzerland" gekennzeichnet werden dürfte. Pauli schätzt, dass auch eine europäisch-klingende Produktebezeichnung für den Verkauf hilfreich wäre (Pauli 2015: 2). Laut Chua (2015) wäre eine andere Produktebezeichnung und die Fertigstellung in der Schweiz durchaus eine Möglichkeit (Chua 2015: 4).

4.2.1.2 Gesellschaftliche Haltung bezüglich Erneuerbaren Energien

Um relevante Aussagen über die Gesellschaft in Zusammenhang mit dem Produkt von der *Koinmo GmbH* machen zu können, wurde für diese Arbeit auf Ergebnisse der *MACH Consumer* Umfrage aus dem Jahre 2013 zurückgegriffen. Bei dieser Umfrage wurden unteranderem 2'038 Millionen Einwohner der Schweiz zu Energiethemen befragt.

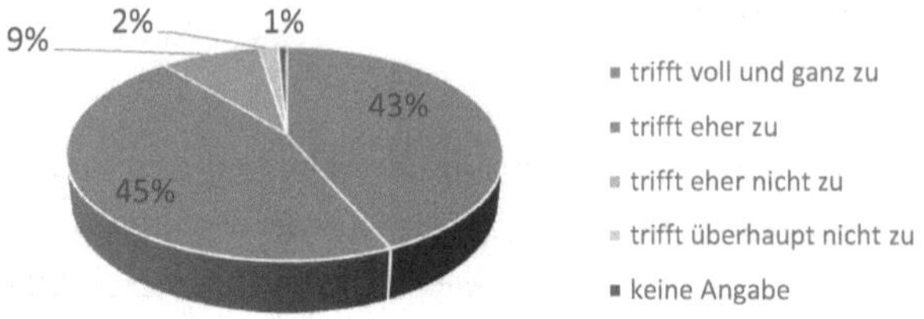

Abbildung 13: Auswertung von „Energiesparen ist für mich ein wichtiges Thema" aus der MACH Consumer Umfrage

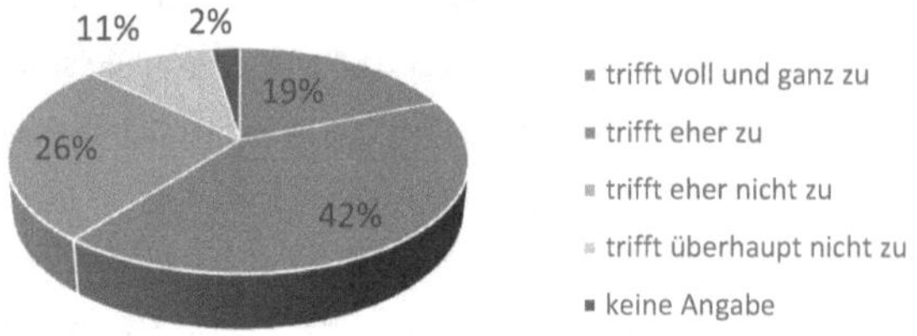

Abbildung 14: Auswertung von „Für Strom aus erneuerbarer Energie bin ich auch bereit etwas mehr zu bezahlen" aus der MACH Consumer Umfrage

Diese Ergebnisse der *Mach Consumer* weisen also darauf hin, dass das Produkt der *Koinmo GmbH* von der Schweizer Gesellschaft klar befürwortet wird, weil es dazu beitragen würde Strom zu sparen und auch mit erneuerbarer Energie betrieben würde. Ein weiteres Indiz für den Trend ist die am 16.11.2012 vom Volk eingereichte Atomausstiegsinitiative (Bundesverwaltung 2015: o.S.).

4.2.1.3 Gesellschaftliche Haltung bezüglich Ästhetik bei Strassenbeleuchtungen

Stefan Illien, Gion Hagmann und Giordano Pauli heben die Wichtigkeit der Ästhetik von solchen Strassenbeleuchtungen für die Gesellschaft hervor. Dies lässt sich dadurch erklären, dass es für die Käufer und Betreiber wichtig ist, dass die ein solches Produkt in das Ortsbild passt, um zu vermeiden dass sich die Nachbarschaft und allgemeine Öffentlichkeit über die Strassenbeleuchtung verärgern. Illien erwähnt zudem noch die folgenden Anspruchsgruppen, für welche die Ästhetik relevant ist: Gastro, Tourismus, politische und technische Ebene der Gemeinde und das lokale Gewerbe (Illien 2015: 2); (Hagmann 2015: 2); (Pauli 2014: 1).

4.2.2 Natur

Längerfristig gesehen kommt die Natur dem Produkt der Firma *Koinmo GmbH* auf jeden Fall zugute, denn andere Energieträger stehen nicht unbegrenzt zur Verfügung. Wind und Sonne werden dahingegen noch lange bestehen. Gemäss den Grundlagen zu Windenergie (Kapitel 2.3) und Photovoltaik (2.4) sind aber die lokalen Windverhältnisse und Sonneneinstrahlungen von grosser Bedeutung. Primär ist der Wind in vielen Teilen der Schweiz mit grosser Wahrscheinlichkeit weder stetig noch stark genug um einen ausfallssicheren Betrieb für die Strassenbeleuchtung sicherzustellen (Pauli 2015: 1); (Martin 2015: 1).

Um zu prüfen ob eine die *nheohybrid 400* sinnvoll eingesetzt werden kann, werden die Windgeschwindigkeiten und Sonnenintensitäten aus dem Jahre 2014 geprüft. Die Messwerte der Windgeschwindigkeiten stammen von der von *Meteotest* betriebene Webseite http://wind-data.ch/ und wurden mit der Mindestwindgeschwindigkeit von 2.5m/s überprüft, welche die *nheohybrid 400* für ihren Betrieb braucht um Strom generieren zu können. Für die Strahlwerte wurde die Demo-Version der Software *meteonorm 7* von *Meteotest* verwendet. Dabei wurde eine Prognose für das Jahr 2020 mit der Parameter Gh (GHI) für ein Solarmodul mit einer Fläche von einem Quadratmeter gemacht.

Die Summe der generierten Energie aus Wind und Sonne, werden mit der Anforderung von *nheohybrid 400* verglichen. Bei schlechtem Wetter müsste sie in der Lage sein 16 Stunden am Stück, ohne Ausfall, Licht spenden können. In 16 Stunden Betriebszeit würde die 40 Watt LED Leuchte 640 Watt pro Tag benötigen. In Tabelle 13 werden diverse Standorte überprüft, um zu erforschen, ob dort die nötige Energie für die *nheohybrid 400* generiert werden kann.

<table>
<tr><th>Standort</th><th>Windgeschwindigkeit in 10 Meter Höhe</th><th>Strahlungsprognose für 2020 (Gh)</th><th>Generierte Energie von nheohybrid 400</th></tr>
<tr><td>Adelboden (BE)</td><td>Jahresdurchschnitt: 1.8m/s
Kommentar: In keinem Monat wurde durchschnittlich mehr als 2.5m/s gemessen</td><td>Jahreswert: 1'188kWh/m^2</td><td rowspan="3">November pro Tag: 1.566kWh/m^2

Dezember pro Tag: 1.129kWh/m^2

Kommentar: Auch wenn die Windturbine keinen Strom generiert, reicht die durchschnittliche Solarenergie für den Betrieb aus.</td></tr>
<tr><td>Tiefster Wert Windgeschwindigkeit</td><td>November: 1.4m/s</td><td>47kWh/m^2 im Monat ergibt abgerundet 1.566kWh/m^2 pro Tag</td></tr>
<tr><td>Tiefster Wert Strahlung</td><td>2.0m/s</td><td>Dezember: 35kWh/m^2 im Monat ergibt abgerundet 1.129kWh/m^2 pro Tag</td></tr>
</table>

Davos (GR)	**Jahresdurchschnitt:** 2.9m/s **Kommentar:** Nur in den Monaten Mai bis August konnten Windgeschwindigkeiten von über 2.5m/s nachgewiesen werden	**Jahreswert:** 1'435kWh/m^2	Januar pro Tag: 1.677kWh/m^2 Dezember pro Tag: 1.355kWh/m^2 **Kommentar:** Auch wenn die Windturbine keinen Strom generiert, reicht die durchschnittliche Solarenergie für den Betrieb aus.
Tiefster Wert Windgeschwindigkeit	**Januar:** 1.5m/s	52kWh/m^2 im Monat ergibt abgerundet 1.677kWh/m^2 pro Tag	
Tiefster Wert Strahlung	1.8m/s	**Dezember:** 42kWh/m^2 im Monat ergibt abgerundet 1.355kWh/m^2 pro Tag	
Grenchen (SO)	**Jahresdurchschnitt:** 2.8m/s **Kommentar:** Nur im Mai wurde eine Windgeschwindigkeit von über 2.5m/s gemessen	**Jahreswert:** 1'161kWh/m^2	November pro Tag: 1.133kWh/m^2 Dezember pro Tag: 0.741kWh/m^2
Tiefster Wert Windgeschwindigkeit	**November:** 1.4m/s	34kWh/m^2 im Monat ergibt abgerundet 1.133kWh/m^2 pro Tag	**Kommentar:** Auch wenn die Windturbine keinen Strom generiert, reicht die durchschnittliche Solarenergie für den Betrieb aus.
Tiefster Wert Strahlung	2.3m/s	**Dezember:** 23kWh/m^2 im Monat ergibt abgerundet 0.741kWh/m^2 pro Tag	
Kloten (ZH)	**Jahresdurchschnitt:** 2.8m/s **Kommentar:** Nur im Mai und Juni kam es zu Windgeschwindigkeiten knapp über 2.5m/s	**Jahreswert:** 1'114kWh/m^2	November pro Tag: 1.053kWh Dezember pro Tag: 0.797kWh
Tiefster Wert Windgeschwindigkeit	**November:** 1.9m/s	28kWh/m^2 im Monat ergibt abgerundet 0.933kWh/m^2 pro Tag	**Kommentar:** Zusammen mit der Windturbine, die generierte Energie für den Betrieb aus. Doch auch ohne die Windenergie sollte ein ausfallsfreier Betrieb möglich sein.
Tiefster Wert Strahlung	2.6m/s = 120Wh pro Tag	**Dezember:** 21kWh/m^2 im Monat ergibt abgerundet 0.677kWh/m^2 pro Tag	

Schaffhausen (SH)	**Jahresdurchschnitt:** 3.4m/s **Kommentar:** Die durchschnittliche Windgeschwindigkeit fiel nie unter 2.5m/s	**Jahreswert:** 1'106kWh/m^2	November pro Tag: 1173KWh Dezember pro Tag: 885kWh
Tiefster Wert Windgeschwindigkeit	**November:** 2.5m/s = 120Wh pro Tag	28kWh/m^2 im Monat ergibt abgerundet 0.933kWh/m^2 pro Tag	**Kommentar:** Zusammen mit der Windturbine, die generierte Energie für den Betrieb aus. Ohne die Windenergie würde der ausfallsfreie Betrieb im Dezember aber nur knapp gewährleistet werden können.
Tiefster Wert Strahlung	4.1m/s = 240Wh pro Tag	**Dezember:** 20kWh/m^2 im Monat ergibt abgerundet 0.645kWh/m^2 pro Tag	
St. Gallen (SG)	**Jahresdurchschnitt:** 2m/s **Kommentar:** Nur im Mai ergab es eine Windgeschwindigkeit von über 2.5m/s im durchschnitt	**Jahreswert:** 1'114kWh/m^2	November pro Tag: 1.133kWh/m^2 Dezember pro Tag: 0.838kWh/m^2
Tiefster Wert Windgeschwindigkeit	**November:** 1.6m/s	26kWh/m^2 im Monat ergibt abgerundet 1.133kWh/m^2 pro Tag	**Kommentar:** Auch wenn die Windturbine keinen Strom generiert, reicht die durchschnittliche Solarenergie für den Betrieb aus.
Tiefster Wert Strahlung	2.2m/s	**Dezember:** 26kWh/m^2 im Monat ergibt abgerundet 0.838kWh/m^2 pro Tag	
Valbella (GR) für Windgeschwindigkeit und Vaz/Obervaz (GR) für Strahlungsprognose	**Jahresdurchschnitt:** 4m/s **Kommentar:** Die Windgeschwindigkeiten fielen nie unter 3m/s	**Jahreswert:** 1'487kWh/m^2	November pro Tag: 2.02kWh Dezember pro Tag: 1.571kWh
Tiefster Wert Windgeschwindigkeit	**November:** 3.0m/s = 120Wh pro Tag	57kWh/m^2 im Monat ergibt abgerundet 1.9 kWh/m^2 pro Tag	**Kommentar:** Zusammen mit der Windturbine, die generierte Energie für den Betrieb aus. Aber auch ohne die Windenergie würde der ausfallsfreie Betrieb stets möglich sein.
Tiefster Wert Strahlung	3.3m/s = 120Wh pro Tag	**Dezember:** 45kWh/m^2 im Monat ergibt abgerundet 1.451 kWh/m^2 pro Tag	

Tabelle 13: Standortbezogene Analyse für die benötigte Energie der nheohybrid 400

Es lässt sich feststellen, dass gerade in den Wintermonaten, wo es weniger Sonneneinstrahlung gibt, auch der Wind am schwächsten weht. Das Risiko eines möglichen Ausfalls der *nheohybrid 400* besteht folglich vor allem in den drei Monaten November, Dezember und Januar. Die Resultate in allen überprüften Regionen zeigen aber, dass ein ausfallsfreier Betrieb der *nheohybrid 400* auch in diesen Monaten gewährleistet werden kann. Ausgehend von den auf http://www.wind-data.ch/ bereitgestellten Winddaten kann im Allgemein gesagt werden, dass die Windgeschwindigkeiten allein vielerorts oft nicht ausreichen werden, um die *nheohybrid 400* alleine zu betreiben. Es wurde weiter festgestellt, dass die Energie, welche durch das Solarmodul generiert wird, meistens genügen würde um auch ohne Hilfe von zusätzlicher Windenergie genug Elektrizität zu generieren.

4.2.3 Technologie

Laut Kim Khim Chua (2015) gibt es diverse technologische Entwicklungen, die es im Auge zu behalten gilt:

- Verbessert sich die Technologie, welche in der Herstellung eingesetzt wird, wäre eine effizientere Produktion möglich.
- Verbessern für den Transport relevante Technologien, könnten die Strassenbeleuchtungen günstiger in die Schweiz importiert werden.
- Technologien für die Installationen der Strassenbeleuchtung, welche die Kosten für die Inbetriebnahme durch die Kunden senken können.
- Technologien die das Produkt direkt betreffen und deren Qualität steigern könnten:
    - Photovoltaik
    - Windenergie
    - Lichttechnik
    - Sensoren
    - Energie-Speicher

Da das Produkt aber sehr modern ist, gibt es aktuell keine Trends, die zu berücksichtigen sind (Chua 2015: 2).

4.2.4 Wirtschaft

Die wirtschaftliche Lage in China oder der Schweiz könnten sich auf den Export von China oder den Import in die Schweiz auswirken. In der Schweiz könnte es auch zu Änderungen von Förderungsmassnahmen, Gebühren oder Regulierungen kommen, die Produktpreis beeinflussen könnten (Chua 2015: 1-2). Momentan bietet sich vor allem die Chance an von Förderungsprogrammen wie der Einmalvergütung, der kostendeckende Einspeisevergütung (KEV) oder der Mehrkostenfinanzierung Gebrauch (MKF) zu machen (Kapitel 2.6.3); (Eckert 2015: 1).

4.2.4.1 Staatliche Förderungsmassnahmen

In der Analyse der Natur in Kapitel 4.2.2 wurde in der Tabelle 13 die Leistung dargestellt, welche durch das Betreiben einer *nheohybrid 400* zu erwarten wären. Diese Analyse zeigt auch dass die Leistung unter dieser Strassenbeleuchtung unter 10kW liegen würde. Damit könnte von der KEV nicht Gebrauch gemacht werden. Da die MKF nur bezogen werden kann, wenn Strom an das Energieversorgungsunternehmen abgegeben wird, entfällt für die *nheohybrid 400* auch diese Option. Ergo könnte für die *nheohybrid 400* nur die Einmalvergütung vom Kunden beantragt werden, um bis zu 30% der gesamten Investitionskosten zu decken.

4.2.4.2 Nicht-staatliche Förderungsmassnahmen durch Sponsoring und Stiftungen

Wie in Kapitel 2.6.5 beschrieben wurden, gibt es die Möglichkeit, dass Innovationen wie die *nheohybrid 400* durch Sponsoring oder Stiftungen unterstützt werden. Um das Potential von Sponsoring zu eruieren, wurde mit Sandra Bürkle und Sebastian Tomczyk der Raiffeisen ein schriftliches Interview durchgeführt. Um die Möglichkeit zu untersuchen, ob Stiftungen solche Innovationen in der Schweiz unterstützen könnten, wurde ein persönliches Interview mit Vincent Eckert von der Klimastiftung Schweiz durchgeführt.

Potential von Sponsoring Engagements in der Schweiz am Beispiel Raiffeisen

Sandra Bürkle, Projektleiterin Events von der Raiffeisen, ist für die Umsetzung diverser kleinerer und grösserer Eventprojekte im Bereich Corporate Social Responsibility (CSR) zuständig und Sebastian Tomczyk, Fachverantwortlicher für Umwelt und Klimaschutz der Raiffeisen, ist die verantwortliche Person im Bezug zu dieser Thematik. Gemäss ihren Aussagen, sehen sie durchaus ein Potential, dass Innovationen wie die *nheohybrid 400* von Raiffeisen unterstützt werden könnten. Im Falle der Raiffeisen zeigen sie aber auf, dass solche Engagements situationsbezogen mit den lokalen Raiffeisenbanken geprüft werden müssten, da diese in diesem Bereich unabhängig von der CSR-Strategie des Gesamtunternehmens agieren und auch vermehrt eine enge Beziehung zu den jeweiligen Gemeinden pflegen. Um eine exakte Vorstellung über die Möglichkeit eines Sponsoring Engagement zu bekommen, wurde die Raiffeisen gefragt, ob diese sich beispielsweise vorstellen könnte einen Teil der Investitionskosten für solche Strassenbeleuchtungen zu übernehmen und im Gegenzug das Recht hätten diese für eigene Kommunikationsmassnahmen zu gebrauchen. Die Antwort auf die Frage wurde wie folgt formuliert: „Der Preis von 30% von CHF 3'800 ist als passend für die einzelnen Raiffeisenbanken zu beurteilen, wobei natürlich die Stückzahl dann massgeblich ist. Die konkrete Ausgestaltung der Kommunikation muss vor Ort abgesprochen werden und ist pauschal schwer zu beurteilen" (Bürkle, Tomczyk 2015: 2).

Ausgehend von dieser Antwort, lässt sich vermuten, dass es in der gesamten Schweiz durchaus das Potential gibt, dass die *nheohybrid 400* von Sponsoring Engagements profitieren könnte.

Potential einer Unterstützung von Stiftungen in der Schweiz am Beispiel Klimastiftung Schweiz

Durch das persönlichem Interview mit Vincent Eckert, Geschäftsführer von der Klimastiftung Schweiz, sollte die Möglichkeit ergründet werden, ob in der Schweiz bereits bestehende Stiftungen ihr zweckgebundenes Vermögen für die Unterstützung von *nheohybrid 400* verwenden würden. Es wurde herausgefunden, dass die Klimastiftung Schweiz nicht fertige Produkte unterstützt, sondern vielmehr die Entwicklungen von neuen Innovationen zur Verbesserung der Energieeffizienz und der Senkung der CO_2-Emissionen in der Schweiz (Eckert 2015: 1).

Darauf basierend lässt sich vermuten, dass Stiftungen eher nicht in Frage kommen, solche fertigen Produkte finanziell zu unterstützen.

4.3 Analyse der Anspruchsgruppen und ihrer Interessen gemäss dem Neuem St. Galler Management-Modell

Nachdem nun bekannt ist, auf welche Entwicklung die Firma *Koinmo GmbH* in den Umweltsphären achten muss, werden hier als nächstes die für das Unternehmen relevanten Anspruchsgruppen analysiert und ihre Interessen aufgezeigt. Basis dafür sind die Resultate der Experteninterviews die im methodischen Teil der Arbeit vorgestellt wurden. In Tabelle 14 wird ein kurzer Überblick über die Resultate verschafft und in den darauffolgenden Unterkapiteln vertieft.

Anspruchsgruppen	Interessen (Ziele)
1. Eigentümer: Geschäftsführer von der *Koinmo GmbH* und potentielle Investoren	- Ökonomische Rentabilität (Chua 2015: 3)
2. Lieferanten: Hersteller	- Kurze Zahlungsfristen (Chua 2015: 3)
3. Kunden: Firmen, Gemeinde, Kantone, Bund. Diese werden oft durch Energiewerke oder Berater beraten werden (Chua 2015: 1); (Pauli 2015: 2); (Hagerman 2015: 1); (Schreier 2015: 2).	- Keine Ausfälle der Beleuchtung wegen zu geringer Effizienz der Energiegewinnung oder wegen Batterie-Leistung (Simioni 2015: 1); (Hagmann 2015: 2); (Pauli 2015: 1); (Schreier 2015: 1-2); (Illien 2015: 2); (Frei 2015: 2) - Wind- und Sonnenenergie muss sinnvoll genutzt werden (Eckert 2015: 4); (Illien 2015: 2); (Pauli 2015: 2) - Gutes Preis-Leistungsverhältnis (Illien 2015: 1-2); (Hagmann 2015: 2); (Pauli 2015: 2); (Blickenstorfer 2015: 1) - Niedrige Betriebskosten (Illien 2015: 1); (Eckert 2015: 3-4); (Frei 2015: 2) - Geringer Aufwand für Wartungsarbeiten (Illien 2015: 1-2); (Eckert 2015: 1) - Keine Lichtverschmutzung (Hagmann 2015: 1); (Eckert 2015: 5) - Lärm darf nicht störend auf die Umwelt sein (Hagmann 2015: 2) - Ästhetik (Illien 2015: 2); (Hagmann 2015: 2); (Pauli 2014: 1)

	- Unterstützung durch das lokale Elektrizitätswerk muss gewährleistet sein (Hagmann 2015: 2); (Blickenstorfer 2015: 1) - Kein Ziel für Vandalismus bieten (Eckert 2015: 4) - Produkt soll in der Schweiz oder Europa hergestellt werden (Pauli 2015: 2) - Beitrag zur ökologischen Nachhaltigkeit (Eckert 2015: 1); (Chua 2015: 3)
4. Staat und Gesellschaft: Die Gesellschaft, Behörden und potentielle Stiftungen und Sponsoren	- Beitrag zur ökologischen Nachhaltigkeit (Chua 2015: 3); (Eckert 2015: 1); (Bürkle, Tomczyk 2015: 1) - Produkt soll aus der Schweiz stammen (Chua 2015: 1)

Tabelle 14: Übersicht der Anspruchsgruppen und deren Interessen

Wie in der Tabelle 14 erkenntlich ist, werden die staatlichen und gesellschaftlichen Interessen in denen der Kunden repetiert. Vermutlich geht dies darauf zurück, dass die Kunden und Betreiber bei solchen Produkten Rücksicht auf die gesellschaftlichen und staatlichen Interessen nehmen. So orientieren sich vor allem staatliche Organisationen, wie die Gemeinden, in ihrem Handeln am öffentlichen Wohl. Deswegen wurden in den folgenden Vertiefungen die staatlichen und gesellschaftlichen Interessen in diejenigen der Kunden integriert. Weiter werden auch die Interessen zur Ästhetik und Herkunftsland des Produktes und auch das Interesse bezüglich sinnvoller Nutzung des Produkts weggelassen, da diese bereits in der Gesellschafts- und Natur-Analyse in Kapitel 4.2 erläutert wurden.

4.3.1 Interesse für den Eigentümer und potentielle Investoren

Basierend auf dem Interview mit Kim Khim Chua, dem Geschäftsführer der Firma *Koinmo GmbH,* ist das massgebende Interesse der Firma die ökonomische Rentabilität des Produktes. Diese zeigt sich als unabdingbar, wenn es darum geht, den Markteintritt zu wagen, Umsatz zu generieren und im Markt bestehen und wachsen zu können (Chua 2015: 3).

Um eine Prognose über die Rentabilität des Produkts wagen zu können, wird auf die Berechnung des DCF im Kapitel 4.1.2 verwiesen. Bezogen auf das Produkt zeigt die DCF-Methode einen Unternehmenswert von CHF 141'159.00 auf. Wie bereits angedeutet wurde, ist darauf hinzuweisen, dass die Berechnung nur die Geldflüsse aus dem geplanten Lager in der Schweiz aufzeigt. Direkte Verkäufe, die von der *Koinmo GmbH* zwischen Hersteller und Käufer abgewickelt werden, sind in der Berechnung nicht berücksichtigt worden. Diese direkten provisionsbasierten Verkäufe sind für die *Koinmo GmbH* risikolos und die Firma braucht dafür auch kein zusätzliches Kapital aufzunehmen (Chua 2015: 3).

4.3.2 Interesse des Lieferanten

Für den Hersteller in China sind kurze Zahlungsfristen relevant, weil die eigene Produktionskette finanziert werden muss. Deswegen verlangt der Hersteller, dass 40% der Kosten vom Käufer direkt bei der Bestellung gezahlt werden, bevor mit der Produktion begonnen wird. Nachdem die Strassenbeleuchtungen hergestellt worden sind müssen die restlichen 60% vom Kunden bezahlt werden, bevor diese für den Transport verladen werden (Chua 2015: 3).

4.3.3 Interesse der Kunden

Für die Strassenbeleuchtungsplanung verantwortliche Personen können Mitarbeiter von Firmen, Gemeinden, Kantonen oder vom Bund sein. Diese werden oft durch Energiewerke oder Energieberater beraten (Chua 2015: 1); (Pauli 2015: 2); (Hagerman 2015: 1); (Schreier 2015: 2). Die Interessen dieser Kunden wurden durch die Befragungen eruiert. In den folgenden Unterkapiteln, werden diese Interessen nun vertieft und mit erarbeiteten Informationen aus dem theoretischen Teil der Arbeit und aus den Berechnungen geprüft.

4.3.3.1 Sicherheit vor Ausfällen

Mehrere interviewte Experten haben darauf hingedeutet, dass die Gewährleistung eines ausfallssicheren Betriebs einer der wichtigsten Eigenschaften ist, die die *nheohybrid 400* mit sich bringen müsste (Simioni 2015: 1); (Hagmann 2015: 2); (Pauli 2015: 1); (Schreier 2015: 1-2); (Illien 2015: 2); (Frei 2015: 2). Pauli, definiert auch eine Autonomiezeit von 14 Tage für solche autarke Anlagen (Pauli 2015: 1). Anhand der Resultate von den Auswertungen in Kapitel 4.2.2 sollte dies gewährleistet sein, da bereits von den Sonnenstrahlungen generierte Energie für den Betrieb ausreichen sollte.

4.3.3.2 Gutes Preis-Leistungs-Verhältnis

Mehrere Befragte haben angegeben, dass eine gute Qualität zu einem guten Preis wichtig ist (Illien 2015: 1-2); (Hagmann 2015: 2); (Pauli 2015: 2); (Blickenstorfer 2015: 1). Als Orientierung für die Qualität von *nheohybrid 400* kann auf diverse Zertifizierungen hingewiesen werden, die im internen Dokument ‚Technical Data and Certificates' zu finden sind (Zhangzhou Nheolis Technology Co., Ltd 2015: o.S.). Um aber ein gutes Preis-Leistungs-Verhältnis gewährleisten zu können, müsste das *nheohybrid 400* mit anderen Produkten in der Schweiz verglichen werden. Dazu könnte eine Wettbewerbsanalyse nach Porter durchgeführt werden, welche in dieser Studie weggelassen wird, wie in Kapitel 2.8.5 ausgeführt wurde. Es ist hier noch darauf hinzuweisen, dass gemäss den Resultaten in Kapitel 4.2.2 die Windturbine nicht unbedingt benötigt wird und diese Komponente dadurch den Preis unnötig erhöht. Diese Aussage müsste aber situativ für jede geplante Strassenbeleuchtung mit den lokalen Wetterverhältnissen überprüft werden.

4.3.3.3 Geringe Aufwände für Betrieb und Wartungen

Illien und Eckert weisen beide daraufhin, dass Betriebskosten und auch die Wartungsaufwände wichtige Faktoren für einen Markterfolg darstellen (Illien 2015: 1-2); (Eckert 2015: 1-4); (Frei 2015: 2). Diese Kosten sollten aber zusammen mit den Investitionskosten berücksichtigt werden. Wie der Kostenvergleich der jährlichen Gesamtkosten zwischen dem Produkt der Firma *Koinmo GmbH* mit einem Konkurrenzprodukt in Kapitel 4.1.3 zeigt, ist die *nheohybrid 400* knapp die teurere Lösung und ist ökonomisch gesehen nicht zu bevorzugen. Sollten aber bei den Alternativen, beispielsweise beim *LED Speedstar*, höhere Installationskosten für Grabarbeiten und Verkabelungen anfallen, so müsste die Berechnung nochmals gemacht und überprüft werden. Es sei auch darauf hingewiesen, dass keine der möglichen Förderungsmöglichkeiten berücksichtigt wurden, was einen grossen Einfluss auf die gesamten Kosten haben könnte, die sonst vom Kunden alleine getragen werden müssen.

4.3.3.4 Berücksichtigung von Lärm- und Lichtemissionen

Hagmann und Eckert weisen beide darauf hin, dass es für öffentliche Beleuchtungen wichtig ist, dass keine unnötigen oder belästigende Lärm- und Lichtemissionen zustande kommen. Die Lichtemission ist bei jeder installierten Strassenbeleuchtung zu beachten. Die *nheohybrid 400* unterscheidet sich jedoch bei der Lärmemission von normalen Strassenbeleuchtungen, die keine Windturbine verwenden. Wie im theoretischen Teil beschrieben wurde, erzeugt die Windturbine bei diesem Produkt Geräusche von bis zu 35 Dezibel. Gemäss Hersteller ist die Anlage mit dieser maximalen Lautstärke sogar in Wohngegenden noch immer bedenkenlos einsetzbar. Dies müsste aber bei der Evaluierung einer solchen Strassenbeleuchtung situativ geprüft werden.

4.3.3.5 Unterstützung durch das lokale Elektrizitätswerk muss gewährleistet sein

Für manche Gemeinden, in denen lokale Elektrizitätswerke die Verantwortung für Betrieb und Wartung übernehmen, ist es wichtig sich zu vergewissern, ob das Elektrizitätswerk solche Produkte überhaupt subventionieren würde (Hagmann 2015: 2); (Blickenstorfer 2015: 1).

Im Rahmen dieser Arbeit konnte nicht festgestellt werden, ob ein Elektrizitätswerk sich sträuben würde zusätzlich zur herkömmlichen Strassenbeleuchtung ein autonomes und hybrides Produkt zu integrieren. Die *nheohybrid 400* würde jedoch mehr Aufwände für Wartungsarbeiten benötigen, da sie aus mehreren Komponenten besteht. Daher ist es plausibel anzunehmen, dass die Unterstützungsbereitschaft niedriger ist, als bei herkömmlichen Beleuchtungsanlagen.

4.3.3.6 Kein Ziel für Vandalismus

Eckert bemerkt, dass Schäden die durch Vandalismus entstehen bei *nheohybrid 400* wohl höher ausfallen werden, da es mehr Komponenten gibt, die beschädigt werden können (Eckert 2015: 4).

Unter diesem Aspekt kann noch hinzugefügt werden, dass die Komponenten (Solarmodul, Windturbine und Windrad) einer solchen Anlage möglicherweise auch ein attraktives Ziel für Diebstähle bieten. Das deviante Verhalten gegenüber solchen Anlagen, wird aber in dieser Studie nicht weiter untersucht.

4.3.3.7 *Beitrag zur ökologischen Nachhaltigkeit*

Ein überaus wichtiger Punkt ist die ökologische Nachhaltigkeit der *nheohybrid 400*, da dies das Hauptargument der *Koinmo GmbH* ist, dieses Produkt auf den Schweizer Markt zu bringen. Die ökologische Nachhaltigkeit der *nheohybrid 400* ist durch ihre Eigenschaft gegeben, dass die benötigte Energie für den eigenen Betrieb aus den erneuerbaren Energien von Wind und Sonne bezieht (Chua 2015: 1-3).

4.4 Branchenstrukturanalyse mit dem Fünf-Kräfte-Modell

Gestützt auf den erarbeiten Grundlagen im theoretischen Teil zum Fünf-Kräfte-Modell von Porter zeigt dieses Kapitel die Brancheanalyse für den Markt für Vertriebspartner von autonomen Strassenbeleuchtungen.

4.4.1 Die Verhandlungsstärke der Abnehmer

Ein wirklicher Markt besteht noch nicht. Es gibt bereits einige autonome Strassenbeleuchtungen, die sich aber im Markt noch nicht etabliert konnten (Pauli 2015: 1). Daher besteht für potentielle Kunden durchaus die Möglichkeit, zwischen unterschiedlichen Anbietern zu wählen. Im Rahmen dieser Arbeit, wurden aber keine weiteren autonomen Strassenbeleuchtungen mehr analysiert. Dementsprechend kann auch die Verhandlungsstärke der Abnehmer nicht weiter definiert werden.

4.4.2 Die Verhandlungsstärke der Lieferanten

Die Verhandlungsstärke wird hier auf den Hersteller von *nheohybrid 400* bezogen. Dieser ist vertraglich an die *Koinmo GmbH* für den Vertrieb in der Schweiz gebunden und ist deswegen limitiert in seiner gegebenen Verhandlungsstärke. Es ist zu vermuten, dass andere Vertriebspartner von solchen Produkten in der Schweiz genauso operieren, da alle Produkte von ausländischen Firmen hergestellt werden. Aus vertraulichen gründen werden hier keine weiteren Angaben oder Vermutungen geäussert.

4.4.3 Die Bedrohung durch neue Konkurrenten

Es konnte nicht ermittelt werden, wie hoch die Bedrohung neuer Konkurrenz als Vertriebspartner in diesem Mark effektiv ist. Es liegen keine Information vor, ob ein einfacher Zugang zu den Vertrieb Kanälen besteht oder wie hoch die Loyalität der Abnehmer ist. Es konnte auch nicht in Erfahrung gebracht werden, ob Kunden beispielsweise vertraglich an einen Lieferanten gebunden sind und es so zu hohen Umstellungskosten kommen würde. Wie die Berechnungen in Kapitel 4.1.2 für die *Koinmo GmbH* aber aufzeigen bedarf es keinem hohen Kapitalbedarf, um neu in den Markt als Vertriebspartner einzusteigen.

4.4.4 Die Bedrohung durch Substitutionsprodukte

Alternativ können herkömmliche Strassenbeleuchtungen verwendet werden. Abnehmer müssen aber situativ die Installationskosten bedenken. Je weiter weg der geplante Installationsort vom örtlichen Stromnetz entfernt ist, desto teurer werden die Installationskosten (Eckert 2015: 3-4).

4.4.5 Rivalität unter den Wettbewerbern

Der Wettbewerb in diesem Markt wurde nicht eingehend erforscht und kann deshalb auch nicht beurteilt werden. Wie bereits erläutert wurde, konnte sich noch kein Vertriebspartner in diesem Markt etablieren konnte und deshalb ist auch noch keine wirkliche Rivalität vorhanden (Pauli 2015: 1). Die Rivalität unter den Wettbewerbern wird folglich als niedrig eingestuft.

4.5 Festlegung der Kritischen Erfolgsfaktoren für die nheohybrid 400

Gestützt auf den vorgängigen Analysen wurde hier, basierend auf der KEF-Methode, zusammen mit dem Geschäftsführer von der *Koinmo GmbH* zuerst die potentiellen Erfolgsfaktoren definiert und daraus die kritischen Erfolgsfaktoren bestimmt. Die erkannten KEF werden in die spätere SWOT-Analyse als Stärken des Unternehmens einfliessen.

4.5.1 Auflistung der potentielle Erfolgsfaktoren

Die folgenden potentiellen Erfolgsfaktoren wurden identifiziert:

1. Kosten: Das Produkt funktioniert autark und es können so Installationskosten gespart werden, je nach Entfernung zum örtlichen Stromnetz.
2. Sicherheit vor Ausfällen: Die *nheohybrid 400* gewährleistet eine relativ hohe Sicherheit vor Ausfällen auch während den Wintermonaten, da durchschnittlich mehr Energie generiert wird wie für den Betrieb benötig. Dennoch sollten stets die örtlichen Wetterverhältnisse überprüft werden, um eine genaue Aussage über die Ausfallssicherheit machen zu können.
3. Beitrag zur ökologischen Nachhaltigkeit: Das Produkt basiert auf erneuerbaren Energien und liefert so einen Mehrwert für die Umwelt, was von der Bevölkerung begrüsst wird.
4. Anpassungsfähigkeit: Die Komponenten, Konfiguration und das Design können den Kundenwünschen angepasst werden, sollten sie direkt über China bestellt werden.
5. Qualität des Produkts: Zertifizierung gewähren einen gewissen Standard der Qualität.

4.5.2 Selektion der kritischen Erfolgsfaktoren

In einem nächsten Schritt wurden die Kritischen Erfolgsfaktoren bestimmt, welche mit den vorgängigen Analysen als wichtige Faktoren erkannt wurden:

1. Kosten: In der Analyse der Anspruchsgruppen, wurde dies als ein wichtiges Interesse von potentiellen Kunden erkannt.
2. Sicherheit vor Ausfällen: Diese Eigenschaft wurden von vielen Experten verlangt, damit die *nheohybrid 400* für eine Installation überhaupt berücksichtigt werden könnte.
3. Beitrag zur ökologischen Nachhaltigkeit: Die Analyse der Gesellschaft und der Anspruchsgruppen haben aufgezeigt, dass die aktuelle Schweizer Bevölkerung Innovationen, die auf erneuerbarer Energien basieren und so zur ökologischen Nachhaltigkeit beitragen, begrüssen. Das Produkt kann so dem Image der Betreiber dienen.
4. Anpassungsfähigkeit: Die Analyse der Gesellschaft und der Anspruchsgruppen haben beide ergeben, dass die Ästhetik ein ausschlaggebender Faktor für die Evaluierung einer Strassenbeleuchtung ist. Da auch das Design der *nheohybrid 400* auf Kundenwünschen angepasst werden kann, kann dies direkt mit dem Markterfolg zusammenhängen.

Der vierte potentielle Faktor wurde weggelassen, da die Qualität zwar gewährleistet ist, aber nicht im Vergleich zu Konkurrenzprodukten analysiert werden konnte.

4.6 SWOT-Analyse zur Evaluierung des Potentials eines Markterfolgs

Ausgehend von den diversen Analysen der Umweltsphären, Anspruchsgruppen, Branchenstruktur und kritischen Erfolgsfaktoren, können nun Stärken und Schwächen des *nheohybrid 400* und die Chancen und Risiken aus der Umwelt abgeleitet werden. Dadurch lassen sich die diverse Strategien aufsetzten. Eine Abwägung der möglichen Umsetzbarkeit dieser Strategien kann in einem weiteren Schritt verwendet werden, um das Potential eines Markterfolgs zu eruieren.

4.6.1 Identifizierung der Stärken, Schwächen, Chancen und Risiken

In Tabelle 15 werden alle identifizierten Stärken, Schwächen, Chancen und Risiken aufgelistet, wie es in Kapitel 2.8.5 erklärt wurde.

Externe Analyse	
Opportunities *(Chancen)*	Threats *(Gefahren)*
O_1: Kunden die eine oder mehrere *nheohybrid 400* kaufen, können die Einmalvergütung bei Swissgrid beantragen, um bis zu 30% der gesamten Investitionen rückerstattet zu bekommen. Dies ist auch mit dem Trend zu erneurbaren Energien verknüpft.	T_1: Aufeinanderfolgende Tagen mit sehr schlechtem Wetter können über eine längere Periode zu Ausfällen bei der *nheohybrid 400* führen.
O_2: Es besteht für Kunden die Möglichkeit einer finanziellen Unterstützung durch Sponsoring Engagements von Firmen.	T_2: Schweizer oder Europäische Produkte würden mit hoher Wahrscheinlichkeit der *nheohybrid 400 bevorzugt werden.*
O_3: Keine etablierten Produkte im Markt für autonome Strassenbeleuchtungen.	T_3: *nheohybrid 400* könnte ein Ziel für Vandalismus und Diebstahl bieten.
Interne Analyse	
Strengths *(Stärken)*	Weaknesses *(Schwächen)*
S_1: Niedrige Gesamtkosten für *nheohybrid 400*, bei Standorteten mit grösser Distanz zum lokalen Stromnetz, da keine Kabel gelegt werden müssen.	W_1: *nheohybrid 400* ist Wartungsintensiv.
	W_2: Weder die Firma *Koinmo GmbH* noch die *nheohybrid 400* sind im Markt bekannt.
S_2: Kundenspezifische Anpassungen am Design, an Komponenten und an den Konfigurationen sind möglich.	W_3: Effizienz der *nheohybrid 400* ist an die lokalen Wetterverhältnisse gebunden.
S_3: Produkt fördert die ökologische Nachhaltigkeit.	W_4: Produkt wird im Ausland hergestellt
S_4: Die *nheohybrid 400* ist ein neues Produkt und hat das Potential einen neuen Markt erschliessen zu können.	W_5: Die Windturbine kann vielerorts nicht sinnvoll eingesetzt werden

Tabelle 15: Identifizierte Stärken, Schwächen, Chancen und Risiken

4.6.2 Kombinierung der Stärken und Schwächen mit den Chancen und Risiken

Für die vier unterschiedlichen Strategiearten der SWOT-Analyse werden in diesem Schritt nun die Chancen und Risiken betrachtet und es wird geprüft mit welchen Stärken und Schwächen sich diese kombinieren lassen.

4.6.2.1 Kombinierungen für SO-Strategien

Für die SO-Strategien wird die Fragest gestellt, mit welchen Stärke Chance genutzt werden können. Folgende Kombinationen wurden gefunden:

- S_3O_1: Die Chance, dass die Einmalvergütung beantragt werden kann, lässt sich mit der Stärke S_3 verbinden, da solche Produkte damit staatlich unterstützt werden.
- S_3O_2: Die ökologische Eigenschaft der *nheohybrid 400* lässt sich auch mit der Chance verknüpfen, dass für Kunden die Möglichkeit besteht finanzielle Unterstützung, im Sinne eines Sponsoring Engagements, von Firmen zu erhalten.
- $S_{1+2+3+4}O_3$: Alle Stärken lassen sich für die Chance nutzen, um der erste Anbieter zu sein, der sich in diesem Markt etabliert.

4.6.3 Kombinierungen für ST-Strategien

Für alle drei aufgedeckten Gefahren wurde überlegt, mit welchen Stärken diese abgewendet werden können.

- S_2T_1: Die Gefahr bezüglich Ausfallzeiten, kann mit der Stärke S_2 begegnet werden, denn obwohl die *nheohybrid 400* bereits in der Standardausführung eine hohe Sicherheit vor Ausfällen bietet, können durch zusätzliche individuelle Anpassungen höhere Effizienz, grössere Energieerträge und grössere Energiespeicher sichergestellt werden. Dadurch lassen sich Ausfallszeiten vollkommen auszuschliessen.
- S_4T_2: Das Risiko, dass Konkurrenzprodukte aus der Schweizer oder Europe mit grösserer Wahrscheinlichkeit gegenüber den *nheohybrid 400* bevorzugt werden, kann damit entgegen getreten werden, dass es sich bei dieser Strassenbeleuchtung um ein neues Produkt handelt in einem neuem Markt handelt.
- S_2T_3: Mit kundenspezifische Anpassungen am Produkt können Änderungen gemacht werden, die die Wahrscheinlichkeit von deviantem Verhalten gegenüber dem Produkt senken.

4.6.3.1 Kombinierungen für WO-Strategien

Um Chance mit Schwächen zu kombinieren, wurde hier die Überlegung gemacht, wie aus der eigenen Schwäche eine Chance entwickelt werden kann und wie eine Schwäche in eine Stärke umgewandelt werden kann.

- W_2O_1: Die Möglichkeit für Kunden die Einmalvergütung beantragen zu können, kann von der *Koinmo GmbH* genutzt werden um die *nheohybrid 400* im Markt bekannt zu machen.
- W_1O_2: Die Schwächen, dass die *nheohybrid 400* wartungsintensiver ist als alternative Produkte und noch völlig unbekannt ist, lassen sich mit der Chance verknüpfen, dass noch gar kein Markt für das Produkt existiert.
- W_2O_3: Da noch kein Markt für autonome Strassenbeleuchtungen in der Schweiz existiert, bietet sich da eine Chance für die noch unbekannte *nheohybrid 400.*
- W_3O_3: Da situativ geprüft werden muss, ob der Einsatz einer *nheohybrid 400* sinnvoll ist, könnte die *Koinmo GmbH* die Analyse übernehmen um sich den Markt zu erschliessen.

4.6.3.2 Kombinierungen für WT-Strategien

Um Schwächen mit entsprechenden Risiken zu verknüpfen wird hier geprüft, was wegen einer Schwäche zu unternehmen ist, damit einer Gefahr getrotzt werden kann oder um diese gänzlich zu meiden.

- $W_{3+5}T_1$: Da die *nheohybrid 400* abhängig von den regionalen Wetterverhältnisse ist und die Windturbine deswegen auch Oft nicht sinnvoll eingesetzt werden kann, müssen die lokalen Wetterverhältnisse analysiert werden, bevor das Produkt dort vermarktet wird, um nicht unnötige Aufwände zu betreiben.
- W_4T_2: Da ausländische Produkte mit hoher Wahrscheinlichkeit benachteiligt werden, muss genau überprüft werden, wie das Produkt im Markt angeboten wird.
- W_1T_3: Da die *nheohybrid 400* aufwändig ist um zu Warten, wäre es sehr schlecht für die Kunden und Betreiber, wenn die Strassenbeleuchtung ein Ziel für deviantes Verhalten darstellen würde.

4.6.4 Entwicklung der SWOT-Strategien

In diesem Schritt werden nun für alle Kombinationsmöglichkeiten, von Stärken und Schwächen mit Chancen und Risien, Strategien definiert, um das Potential eines Markterfolgs zu steigern. Die Resulte werden in Tabelle 16 aufgelistet und erläutert.

	Strengths	Weaknesses
Opportunities	**SO-Strategien** • S_3O_1: Es soll ein Marketingkonzept erstellt werden, welches festlegt, dass bei allen Kommunikationsmassnahmen betreffend der *nheohybrid 400* stets darauf hingewiesen wird, dass die Kunden die Eimalvergütung beantragen können. • S_3O_2: Partnerschaften mit Firmen eingehen, die Kunden beim Kauf von einer oder mehreren *nheohybrid 400* finanziell unterstützen würden, wenn diese dafür im Gegenzug die exklusiven Rechte bekommen würden diese für eigene Kommunikationsmassnahmen zu gebrauchen. • $S_{1+2+3+4}O_3$: Marketingmassnahmen planen, die alle Stärken der *nheohybrid 400* kommunizieren.	**WO-Strategien** • W_2O_1: Werbemassnahmen durchführen, welche darauf hinweisen, dass mit der *nheohybrid 400* die Einmalvergütungen beantragt werden kann. • W_1O_3: Den Service anbieten, dass die *Koinmo GmbH* die Wartung für *nheohybrid 400* übernimmt. Dazu muss eine eigene Abteilung aufgebaut werden. Diese Abteilung kann möglicherweise auch die Installationen von *nheohybrid 400* übernehmen. • $W_{2+3}O_3$: Partnerschaften mit Energieberater eingehen, welche die *nheohybrid 400* ihr eigenes Portfolio nehmen, und sie künftig als mögliche Lösungen für Kunden weitervermitteln. Diese Berater sollten auch situative Analysen anbieten, um zu bestimmen ob die lokalen Wetterverhältnisse einen sinnvollen Einsatz von *nheohybrid 400* zulässt.
Threats	**ST-Strategien** • S_2T_1: Einen Produktekatalog für die Schweiz erstellen, der die Kombinationsmöglichkeiten der einzelnen Komponenten aufzeigt. Im Katalog muss erkennbar sein, wie sich die Autonomiezeit entsprechend verhält. Es soll ausserdem auch möglich sein Bewegungs-Sensoren zu integrieren, damit nur bei erfassten Bewegungen eine gewünschte Lichtstärke ausstrahlt wird und vorher die *nheohybrid 400* gänzlich ausgeschaltet wird oder in einem Stromsparmodus läuft. • S_4T_2: Die *nheohybrid 400* soll eine neue Produktebezeichnung erhalten, die besser auf den Schweizer Markt passt. Weiter sollen möglichst viele Arbeitsschritte im Fertigungsprozess in der Schweiz ausgeführt werden. • S_2T_3: Ein Produktekatalog für die Schweiz erstellt, der auch Möglichkeiten aufzeigt um die *nheohybrid 400* resistenter gegen äussere Einwirkung zu machen oder um deviantes Verhalten abzuschrecken (beispielsweise Videoüberwachung).	**WT-Strategien** • W_3T_1: Es muss ein Marketingkonzept erstellt werden, dass eine genaue Marktsegmentierung beinhaltet, welche auch die Wetterverhältnisse berücksichtigt. Entsprechend dürfen nur in den Ortschaften eigene Bemühungen unternommen werden, um *nheohybrid 400* zu verkaufen. • W_4T_2: Die Stärke S_4 nutzen, um diese Bedrohung zu trotzen → siehe S_4T_2 • W_1T_3: Die Stärke S_2 nutzen, um diese Bedrohung zu trotzen → Siehe S_2T_3

Tabelle 16: Entwickelte Strategien

4.7 Zwischenfazit

In diesem praktischen Teil der Arbeit wurde basierend auf den erforschten Aspekten im theoretischen Teil und der aufgezeigten methodischen Vorgehensweise alle nötigen Berechnungen durchgeführt, bestehende Umfragen interpretiert, Analysen angewandt und Befragungen durchgeführt um aufzeigen zu können, ob es für die *nheohybrid 400* ein Potential für einen Markterfolg gibt. Alle Ergebnisse wurden in einer SWOT-Analyse zusammengeführt, um mögliche Strategien für die Firma *Koinmo GmbH* aufzuzeigen, um den Markterfolg zu gewährleisten. In den folgenden Schlussfolgerungen und Empfehlungen wird als nächstes die Umsetzbarkeit dieser Strategien diskutiert, um das Potential eines Markterfolgs zu eruieren.

5 SCHLUSSFOLGERUNGEN UND EMPFEHLUNGEN

5.1 Beantwortung der Forschungsfragen und Prüfung der Hypothesen

Forschungsfrage 1: *Ist ein Markteintritt für die Koinmo GmbH ökonomisch rentabel?*

Hypothese 1: Die Berechnungen des DCF indizieren, dass mit prognostizierten künftigen Geldflüssen, ein ökonomisch rentables Produkt vorliegt.

Antwort: Diese Forschungsfrage lässt sich mit der in Kapitel 2.7.2 durchgeführten Berechnung mit „Ja" beantworten. Der DCF, der sich auf den Verkauf von *nheohybrid 400* über ein Lager in der Schweiz bezieht, weist einen überaus positiven Unternehmenswert auf. Jedoch wurde der DCF mit Annahmen berechnet, die eine Einschätzung über die zukünftigen Verkaufszahlen beinhaltet. Für die ersten 16 Stücke, die für den Lageraufbau bestellt werden, existiert also ein gewisses Risiko für die *Koinmo GmbH*.

Der Autor dieser Arbeit empfiehlt daher, zuerst noch kein eigenes Lager aufzubauen, sondern den Verkauf direkt über den Hersteller in China zu abzuhandeln. Damit kann die Nachfrage besser eingeschätzt werden, bevor Fremdkapital für den Aufbau eines eigenen Lagers aufgenommen wird.

Forschungsfrage 2: *Ist nheohybrid 400 für Kunden wirtschaftlich gesehen eine bessere Investition als die Alternativen?*

Hypothese 2: Mittels Kostenvergleich und unter Berücksichtigung von möglichen Förderungsmassnahmen wird bewiesen, dass für potentielle Kunden die *nheohybrid 400,* aus einer ökonomischen Perspektive, gegenüber den Alternativen zu bevorzugen ist.

Antwort: Diese Forschungsfrage kann nicht definitiv beantwortet werden. Wie im Kapitel 4.3.3.3 geschildert wurde, muss die ökonomische Rentabilität situativ beurteilt werden. Je nachdem, wo die geplante Strassenbeleuchtung installiert werden soll, können die Gesamtkosten für die *nheohybrid 400,* im Vergleich zu anderen Produkten, günstiger ausfallen. Dabei muss zwingend abgeklärt werden, wie hoch die Einmalvergütung für die geplante *nheohybrid 400* ausfallen würde (maximal 30% der gesamten Investitionskosten), welche im Kapitel 4.2.4.1 beschrieben wurde. Zudem kann auch noch abgeklärt werden, ob eine Firma bereit wäre, finanzielle Unterstützung im Sinne eines Sponsoring Engagements zu leisten, was in Kapitel 4.2.4.2 erörtert wurde. Eine Strategie, die aufzeigt wie diese Förderungsmöglichkeiten als Chance zur Steigerung des Potentials eines Markterfolgs zu nutzen, wurde in Kapitel 4.6.4 diskutiert.

Forschungsfrage 3: *Kann nheohybrid 400 in der Schweiz sinnvoll eingesetzt werden?*

Hypothese 3: Basierend auf den Produkteigenschaften im Zusammenhang mit externen Analysen kann ausgesagt werden, dass die *nheohybrid 400* in der Schweiz sinnvoll eingesetzt werden kann.

Antwort: Auch zu dieser Forschungsfrage kann keine übergreifende Antwort geliefert werden. Wie in Kapitel 4.2.2 analysiert wurde, sind die Wetterverhältnisse in der Schweiz zwar vielerorts nicht ideal, um eine *nheohybrid 400* mit Standardkomponenten und -konfigurationen sinnvoll einzusetzen, jedoch ist ein ausfallsicherer Betrieb trotzdem möglich. Die Analyse hat eröffnet, dass die Windturbine oft gar kein Strom generiert, da die dafür nötigen Windgeschwindigkeiten meist nicht vorhanden sind. Es wurde aber in Kapitel 4.6.4 aufgezeigt, dass die *nheohybrid 400* angepasst werden kann. So könnte man die Windturbine in entsprechenden Orten weglassen, und damit könnte die Strassenbeleuchtung zu einem tieferen Preis angeboten werden. Als Absicherung wäre es sinnvoll zu überprüfen, ob eine Windturbine, die schon bei tieferen Windgeschwindigkeiten Strom produziert, eingesetzt werden könnte. Zusätzlich könnte die Strassenbeleuchtung mit Sensoren, grösseren Batterien oder effektiveren Komponenten ausgerüstet werden. Es ist also wichtig, dass für jeden Standort, wo die *nheohybrid 400* als mögliche Beleuchtung evaluiert wird, die lokalen Wetterverhältnisse individuell geprüft werden und das Produkt entsprechend angepasst wird.

Forschungsfrage 4: *Besteht in der Schweiz für die nheohybrid 400 ein Potential für einen Markterfolg?*

Hypothese 4: Unter Berücksichtigung aller Aspekte kann gesagt werden, dass ein Markterfolg in der Schweiz für *nheohybrid 400* möglich ist.

Antwort: Diese Forschungsfrage kann unter Berücksichtigung der Ergebnisse aus der SWOT-Analyse in Kapitel 4.6.4 nicht einfach mit einem „Ja" oder „Nein" beantwortet werden, sondern muss erst verfeinert werden.

Würde nur die standardmässige *nheohybrid 400* von der *Koinmo GmbH* auf den Markt gebracht werden, so würde dieser Geschäftsfall mit hoher Wahrscheinlichkeit scheitern. Grund dafür liegt bei der Windturbine, die vielerorts nicht sinnvoll eingesetzt werden kann, da die dafür benötigten Windgeschwindigkeiten fehlen. Diese Komponente führt so zu unnötigen Wartungsarbeiten und einem höheren Preis.

Es ist festzuhalten, dass aber eine *nheohybrid 400*, die an den lokalen Wetterverhältnissen und Kundenwünschen angepasst werden kann, sich durchaus erfolgreich im Markt positionieren könnte. Denn bei Standorten, wo eine Anschliessung an das lokale Stromnetz mit sehr hohen Installationskosten verbunden ist, wäre eine autonome Strassenbeleuchtung ökonomisch interessanter als die Alternativen. Um die Sicherheit vor Ausfällen noch mehr zu steigern, müssten zusätzliche Anpassungen vorgenommen werden. Ausserdem können auch Anpassungen bezüglich Design vorgenommen werden, um ästhetische Bedenken zu entgegnen oder um die Beleuchtung vor deviantem Verhalten zu schützen.

Kunden von *nheohybrid 400* haben auch die Möglichkeit eine Einmalvergütung zu beantragen oder finanzielle Unterstützung von Firmen im Sinne eines Sponsoring Engagements zu erhalten. Beide Möglichkeiten führen zu Kosteneinsparungen bei den Kunden.

Das Potential für einen Markterfolg besteht also sehr wohl, vorausgesetzt, dass das Produkt den lokalen Wetterverhältnissen und Kundenwünschen angepasst werden kann.

5.2 Handlungsempfehlungen für Koinmo GmbH

Die *Koinmo GmbH* kann das bestehende Marktpotential unter der Voraussetzung nutzen, dass die *nheohybrid 400* zum einen, den lokalen Wetterverhältnissen und zum anderen, den Kundenwünschen entsprechend angepasst werden kann. Dafür müssen aber mehrere Bedingungen von der *nheohybrid 400* und auch von der *Koinmo GmbH* erfüllt werden, die mit den Interessen der potentiellen Kunden und Betreiber übereinstimmen. Basierend auf der SWOT-Analyse empfiehlt der Autor dieser Arbeit der *Firma Koinmo GmbH* die folgenden vier Strategien zu prüfen und gemäss ihrer Umsetzbarkeit anzuwenden:

1) Die *nheohybrid 400* muss entsprechend dem Standort, wo die Installation geplant wird, angepasst werden. Dafür müssen die lokalen Wetterverhältnisse und auch die Kundenwünsche berücksichtig werden. Da die *nheohybrid 400* für jeden Standort individuell mit dem Kunden geprüft und hergestellt werden muss, macht ein eigenes Lager für die *Koinmo GmbH* in der Schweiz nur dann Sinn, wenn die nötigen Anpassungen in der Schweiz bewerkstelligt werden können. Dafür müssten alle relevanten Komponenten in einem eigenen Lager vorhanden sein und das technische Wissen aufgebaut werden. Für Lagerfläche und Personal sind jedoch weit grössere Investitionen notwendig, was wiederum mit mehr Risiko verbunden wäre und entsprechend die Rückzahlungen für Fremdkapital steigern würden. Der Autor empfiehlt daher der Firma *Koinmo GmbH* zu Beginn den gesamten Fertigungsprozess dem Hersteller zu überlassen und vorerst kein eigenes Lager aufzubauen und kein zusätzliches Personal einzustellen.
2) Die Wartungen an der *nheohybrid 400* muss gewährleistet sein. Für die *Koinmo GmbH* wäre es am sinnvollsten, wenn die lokalen Betreiber – zum Beispiel die lokalen Elektrizitätswerke – diese Verantwortung übernehmen, da sich diese meist schon in der Nähe der Kunden befinden. Alternativ könnte die *Koinmo GmbH* die Wartung über eine Partnerschaft mit einem unabhängigen Dienstleister anbieten oder eine eigene Wartungsabteilung dafür aufbauen. Der Autor dieser Arbeit empfiehlt *Koinmo GmbH* zuerst die Verantwortung den lokalen Betreibern oder unabhängigen Dienstleistern zu überlassen. Die *Koinmo GmbH* sollte eine solche Partnerschaft aufbauen, damit potentielle Kunden mindestens eine Option haben. Nachdem mehrere *nheohybrid 400* in Betrieb genommen wurden, kann die *Koinmo GmbH* ihre Strategie nochmals überdenken und allenfalls eine eigene Wartungsabteilung aufbauen. Dafür sollte die Firma aber die Möglichkeit haben, die Strassenbeleuchtungen zentral, über eine Software, zu überwachen, damit auf notwendige Wartungen umgehend reagiert werden kann.
3) Für den Anfang sollte der Verkauf über Vertriebspartner abgewickelt werden, die sich bereits im Markt für allgemeine Strassenbeleuchtungen etablieren konnten. Dabei könnte

es sich um grössere Elektrizitätswerke oder auch unabhängige Energieberater handeln, welche den Kunden bei der Planung und Installation unterstützen. Somit müssen von der *Koinmo GmbH* auch keine zusätzlichen Bemühungen unternommen werden, um sich im Markt zu positionieren. Der Firma wird aber empfohlen einen Produktkatalog zu entwerfen, der bereits Empfehlungen für einzelne Regionen enthält und auch weitere Anpassungsmöglichkeiten bezüglich Komponenten, Konfiguration und Design aufzeigt.

4) Die Vertriebspartner und/oder Kunden müssen unbedingt darauf hingewiesen werden, dass mit Installationen von *nheohybrid 400* die Einmalvergütung beantragt werden kann. Zusätzlich sollten sie auch über das Potential von Sponsoring Engagements informiert werden, was dem Kunden weitere finanzielle Unterstützung bringen würde. Für die *Koinmo GmbH* und ihre Vertriebspartner empfiehlt es sich ein Netzwerk von Firmen aufzubauen, die an einem Sponsoring Engagement interessiert wären. Dadurch wäre es möglich Kunden direkt mit den richtigen Firmen in Verbindung zu bringen. Es lässt sich vermuten, dass potentielle Kunden sich ohne zusätzlichen Aufwand für Sponsorensuche eher für eine *nheohybrid 400* entscheiden würden.

5.3 Kritische Reflexion

Die Schwierigkeit dieser Arbeit bestand darin, alle möglichen relevanten Aspekte abzudecken. So wurden viele Themengebiete nur oberflächlich behandelt, um eine Grundlage zu vermitteln für das Verständnis Bezug auf die *nheohybrid 400*. Viele Themengebieten bieten viel mehr Informationen, die ebenfalls einen Einfluss auf die Ergebnisse dieser Studien haben könnten. Auch gibt es noch weitere Markforschungsmethoden und -analysen, deren Anwendung wichtige Faktoren aufgezeigt hätten. Beispielsweise hätten in einer Wettbewerbsanalyse oder auch in einem Benchmark-Test, die *nheohybrid 400* zu anderen Produkten im Markt verglichen werden können, um die Schwächen und Stärken des Produkts genauer zu spezifizieren. Zudem hätte mit der Berechnung des sogenannten Erntefaktors detaillierter auf die ökologische Rentabilität des Produktes eingegangen werden können. Diese Auswertung wäre sehr interessant gewesen, doch hätten dafür die gesamten Kosten vom Abbau der Rohmaterialien, über den Betrieb bis zur Entsorgung für alle Bestandteile des Produktes berücksichtigt werden müssen. Weitere solche Ausführungen hätten die Arbeit zu stark in eine technische Richtung gedrängt und der Autor hat entschieden die Arbeit eher breit anzugehen. Dies deckt sich auch mit dem Ziel dieser Arbeit, ein Fundament für einen späteren Businessplan zu schaffen. Aus demselben Grund wurde es auch unterlassen detaillierte betriebswirtschaftliche Berechnungsverfahren anzuwenden. Stattdessen wurden solche ausgewählt, die mit wenigen Angaben am meisten etwas über die ökonomische Rentabilität für die *Koinmo GmbH* und potentielle Kunden aussagen.

Die meisten Interviews wurden mittels einer schriftlichen Befragung durchgeführt, was vermutlich dazu geführt hat, dass einige Faktoren nicht aufgedeckt wurden, wie es in einer umfangreicheren persönlichen Befragung möglich gewesen wäre. Trotzdem ist der Autor überzeugt, dass die wichtigsten Aspekte angesprochen wurden, da unterschiedliche Experten zu dieser Thematik befragt werden konnten. So konnte mit der Summe der generierten Antworten dennoch alle relevanten Faktoren für die *nheohybrid 400* aufgedeckt werden.

5.4 Schlusswort

Die Arbeit hat ergeben, dass ein Potential für den Markterfolg vorhanden ist. Es wurde gezeigt, dass die *nheohybrid 400* aus einer rein ökonomischen Perspektive für die Firma *Koinmo GmbH* wie auch für die potentielle Kunden eine interessante Investition darstellt. Zum einen besteht für die Firma *Koinmo GmbH* die Möglichkeit die *nheohybrid 400* praktisch risikolos im Markt selber oder durch Vertriebspartner anzubieten und zum anderen können Kunden grosse Investitionen vermeiden bei der Strassenbeleuchtungsinstallation an Orten, wo es keine nahen Stromnetze gibt. Weiter besteht in der Schweiz eine Nachfrage nach Innovationen, die Strom aus den erneuerbaren Energien produzieren. So könnten Kunden, die eine *nheohybrid 400* in Betrieb nehmen möchten, potentiell durch staatliche sowie nicht-staatliche Förderprogramme unterstützt werden.

Um einen sinnvollen Betrieb der *nheohybrid 400* zu gewährleisten, sollte sie situativ an den lokalen Wetterverhältnissen und Kundenwünschen angepasst werden. Beide Aspekte können sich von Region zu Region unterscheiden. So könnten die lokalen Wetterverhältnisse die Komponenten und Konfigurationen beeinflussen oder das Design muss angepasst werden, damit die *nheohybrid 400* ästhetisch besser ins Ortsbild passt. Wichtig ist aber, dass stets ein ausfallsfreier Betrieb gewährleistet werden kann, da dies ein elementares Bedürfnis der Schweizer Kundschaft ist.

Es wurden vier Handlungsempfehlungen an die Firma *Koinmo GmbH* in Bezug auf die *nheohybrid 400* abgegeben. Erstens sollten sie den Kunden unbedingt die Möglichkeit geben Anpassungen am Produkt vorzunehmen. Zweitens sollte das Unternehmen sicherstellen, dass Kunden die Möglichkeit haben die *nheohybrid 400* warten zu lassen, da diese autonome Strassenbeleuchtung wartungsintensiver und komplexer als herkömmliche Strassenbeleuchtungen ist. Drittens soll das Produkt über Vertriebspartner oder grössere Elektrizitätswerke, die sich bereits im Markt für Strassenbeleuchtung etablieren konnten, vermarkten zu lassen. Dafür sollte aber ein Produktkatalog erstellt werden, der aufzeigt was für Kombinationsmöglichkeiten mit Komponenten, Konfigurationen und Designanpassungen zur Verfügung stehen. Viertens wurde darauf hingewiesen, wie bedeutsam die Einmalvergütung und Sponsoring Engagements für potentielle Kunden sein könnten. Deswegen sollen Kunden stets auf diese Möglichkeiten hinzuweisen. Zudem wäre es sinnvoll, wenn ein eigenes Netzwerk von Firmen aufgebaut wird, die daran interessiert wären Kunden durch ein Sponsoring Engagement beim Kauf von *nheohybrid 400* finanziell zu unterstützen.

Diese Arbeit zeigt ansatzweise wie komplex es ist sich mit einem neuen Produkt im Markt zu positionieren. Hoffentlich konnte ein starkes Fundament für ein Business Plan und erfolgreiche Umsetzung aufgebaut werden. Die Handlungsempfehlungen wurden bereits an die *Koinmo GmbH* abgegeben und mit dem Geschäftsführer diskutiert. Diese wurden positiv aufgenommen und die Firma hat bereits erste Massnahmen ergriffen, um Bestandteile der Strategien umzusetzen. Der Autor ist überzeugt, dass mit der notwendigen strategischen Vorarbeit sich innovative Produkte wie der *nheohybrid 400* im Schweizer Markt etablieren können.

6 ANHANG

6.1 Quellenverzeichnis

Althoff F., Hanrath S., Schmidt M. (2013). ***Kennzahlen und Formeln für die BWL*** (1. Aufl.). Stuttgart: Schäffer-Poeschel.

BAFU (2015). ***Bundesamt für Umwelt.*** Online: [16.02.2015]: http://www.bafu.admin.ch/.

BFE (2015*).* ***Bundesamt für Energie BFE.*** Online: [16.02.2015]: http://www.bfe.admin.ch/.

BFE (2014). ***Richtlinie Mehrkostenfinanzierung (MKF).*** Online: [16.02.2015]: http://www.bfe.admin.ch/php/modules/publikationen/stream.php?extlang=de&name=de_816468713.pdf.

Blickenstorfer, A. (2015). **Leiter Infrastruktur, Gemeinde Egg**. 25.02.: CD (Interview).

Brücher, W. (2009). ***Energiegeographie – Wechselwirkungen zwischen Ressourcen, Raum und Politik*** (1. Aufl.). Berlin: Borntraeger.

Bruhn M. (2010). ***Sponsoring – Systematische Planung und integrativer Einsatz*** (5. Aufl.). Wiesbaden: Gabler.

Bundesbehörden (2013). ***Bundesgesetz über den Schutz von Marken und Herkunftsangaben.*** Online [16.02.2015]: http://www.admin.ch/opc/de/federal-gazette/2013/4795.pdf.

Bundesverwaltung (2015). ***Eidgenössische Volksinitiative 'Für den geordneten Ausstieg aus der Atomenergie (Atomausstiegsinitiative)***'. Online [16.02.2015]: http://www.admin.ch/ch/d/pore/vi/vis407.html/.

Bürkle S., Tomczyk S. (2015). ***Projektleiterin Events, Raiffeisen + Fachverantwortlicher Umwelt und Klimaschutz, Raiffeisen.*** 26.02.: CD (Interview).

Chua, K. (2015). ***Geschäftsführer, Koinmo GmbH.*** 10.01.: CD (Interview).

Diekmann, B., Rosenthal, E. (2014). ***Energie – Physikalische Grundlagen ihrer Erzeugung, Umwandlung und Nutzung*** (3. Aufl.). Wiesbaden: Springer Spektrum.

Eckert, V. (2015). ***Geschäftsführer, Klimastiftung Schweiz.*** 20.02.: CD (Interview).

EDI (2014). ***Eidgenössische Stiftungsaufsicht.*** Online [16.02.2015]: http://www.edi.admin.ch/esv/.

Electrosuisse (2012). ***Energie – Sonnenklar – Photovoltaik: Technik und Infrastruktur.*** Online [16.02.2015]: https://www.electrosuisse.ch/uploads/media/Energie_Sonnenklar_D.pdf.

Feige, S., Fischer, M.F., Von Matt, D., Reinecke, S., Addor, F. (2013). ***Swissness Worldwide 2013 – Image und internationaler Mehrwert der Marke Schweiz*** (1. Aufl.). St. Gallen: Universität St. Gallen.

Frei, M. (2015). ***Leiter Tiefbau und Verkehr, Stadt Will.*** 27.02.: CD (Interview).

GeoModel Solar (2015). ***SolarGIS.*** Online [16.02.2015]: http://solargis.info/.

Grünig, R., Kühn, R. (2014). ***Strategieplanungsprozess – Analysen, Optionen, Projekte*** (1. Aufl.). Bern: Haupt.

Hagmann, G. (2015). ***Leiter DLZ Infrastruktur, Gemeinde Thalwil.*** 16.02.: CD (Interview).

Heier S. (2012). ***Nutzung der Windenergie*** (6. Aufl.). Stuttgart: Frauenhofer IRB Verlag.

Heymann, M. (1995). ***Die Geschichte der Windenergienutzung: 1890 - 1990*** (1.Aufl.). Frankfurt/Main: Campus Verlag GmbH.

Huber, A. (2008). ***Praxishandbuch Strategische Planung - Die neun Elemente des Erfolgs*** (1. Aufl.). Berlin: Erich Schmidt Verlag GmbH & Co.

Illien, S. (2015). ***Leiter Werke, Gemeinde Vaz / Obervaz.*** 18.02.: CD (Interview).

Leimgruber, J., Prochinig, U. (2012). ***Das Rechnungswesen als Führungsinstrument*** (5. Aufl.). Zürich: Verlag SKV.

Madörin, B. (2008). ***Vereine und Stiftungen*** (1. Aufl.). Bern: Stämpfli Verlag AG.

Mertens, K. (2013). ***Photovoltaik – Lehrbuch zu Grundlagen, Technologien und Praxis*** (2. Aufl.).München: Carl Hanser Verlag.

Meteotest (2015a). ***Die Website für Windenergie-Daten der Schweiz.*** Online [16.02.2015]: http://wind-data.ch/.

Meteotest (2015b). ***Meteonorm – Einstrahlungsdaten für jeden Ort des Planeten.*** Online [16.02.2015]: http://meteonorm.com/.

Meteotest (2015c). ***PV Calculator.*** Online [16.02.2015]: http://pv-calculator.ch/.

Pauli, G. (2015). ***Energieberater, Savenergy Consulting GmbH.*** 20.02.: CD (Interview).

PIMS (2015). ***The Strategic Planning Institute.*** Online [16.02.2015]: http://pimsonline.com/.

Probst G., Wiedemann, C. (2013). ***Strategie-Leitfaden für die Praxis*** (2. Aufl.). Wiesbaden: Springer Gabler.

Reinhardt, S. (2008). ***Umweltkommunikation im Spannungsfeld der Anspruchsgruppen eines Unternehmens*** (2. Aufl.). Taunusstein: Verlag Dr. H. H. Driesen GmbH.

Ris, R.H. (2006). Öffentliche Beleuchtung – Sicherheit im Verkehr und Schutz vor Kriminalität. ***SEV-Bulletin,*** 01/06: 8 - 11.

Rüegg-Stürm, J. (2003). ***Das neue St. Galler Management-Modell – Grundkategorien einer integrierten Managementlehre*** (2. Aufl.). Bern: Paul Haupt Berne.

Schreier, E. (2015). ***Leiter Strom, Gemeinde Grenchen.*** 23.02.: CD (Interview).

Seiler, B. (1984). ***Sonne, Wasser, Wind... - Erneuerbare Energiequellen Information und Experimente*** (1. Aufl.). Gümligen: Zytglogge-Verlag.

Simioni, M. (2015). ***Mitglied der Geschäftsleitung der EWD Elektrizitätswerk Davos AG und Leiter für Netz und Dienstleistungen, Gemeinde Davos.*** 20.02.: CD (Interview).

Swissgrid (2008). ***Swissgrid.*** Online [16.02.2015]: http://www.swissgrid.ch/dam/swissgrid/experts/renewable_energies/mkf/download/de/D080404_info-sheet-market-players_de.pdf.

Thommen, J.P. (2008). ***Managementorientierte Betriebswirtschaftslehre*** (8. Aufl.). Zürich: Versus Verlag AG.

Ulrich, P., Fluri E. (1995). ***Management – Eine konzentrierte Einführung*** (7. Aufl.). Bern: Paul Haupt Berne.

UVEK (2015). ***Eidgenössisches Departement für Umwelt, Verkehr, Energie und Kommunikation UVEK.*** Online [2015: 16.02.2015]: http://www.uvek.admin.ch/.

VDN, LiTG (2009). ***Strassenbeleuchtung – Leitfaden für Planung, Bau und Betrieb*** (5. Aufl.). Frankfurt am Main: VWEW Energieverlag.

Zhangzhou Nheolis Technology Co.,Ltd (2014a). ***Product Catalogue, Zhangzhou Nheolis Technology Co.,Ltd, Zhangzhou, Fujian, China:*** CD (intern).

Zhangzhou Nheolis Technology Co.,Ltd (2014b). ***Product Information, Zhangzhou Nheolis Technology Co.,Ltd, Zhangzhou, Fujian, China:*** CD (intern).

Zhangzhou Nheolis Technology Co.,Ltd (2014c). ***Technical Data and Certificates, Zhangzhou Nheolis Technology Co.,Ltd, Zhangzhou, Fujian, China:*** CD (intern).

Ziegler, A.R. (2010). ***Wirtschaftsvölkerrecht der Schweiz – Eine Einführung unter Einschluss des Aussenwirtschaftsrechts*** (1. Aufl.). Bern: Stämpfli Verlag AG.

Zivilgesetzbuch (ZGB)(2015). ***210. Schweizerisches Zivilgesetzbuch.*** Online [16.02.2015]: http://www.admin.ch/opc/de/classified-compilation/19070042/.

6.2 Übrige Verzeichnisse

6.2.1 Abkürzungsverzeichnis

ARE	Bundesamt für Raumentwicklung
ASTRA	Bundesamt für Strassen
BAFU	Bundesamt für Umwelt
BAKOM	Bundesamt für Kommunikation
BAV	Bundesamt für Verkehr
BAZL	Bundesamt für Zivilluftfahrt
BFE	Bundesamt für Energie
Bh	Direktstrahlung horizontal
Bn	Direktnormalstrahlung
DCF	Discounted Cashflow
DIF	Diffuse Horizontal Irradiation
Dh	Diffusstrahlung horizontal
DHI	Direct Horizontal Irradiation
DNI	Direct Normal Irradiance
EDI	Eidgenössischen Departements des Innern
EK	Elektrizitätswerk
EVU	Energieversorungsunternehmen
Gh	Globalstrahlung horizontal
GHI	Global Horizontal Irradiation
GIS	Geografisches Informationssystem
GTI	Global Tilted Irradiation
J	Joule
KEF	Kritischer Erfolgsfaktor / Kritische Erfolgsfaktoren
KEV	Kostendeckende Einspeisevergütung
kW	Kilowatt
kWh	Kilowattstunde
MKF	Mehrkostenfinanzierung
MschG	Markenschutz Gesetz
UVEK	Eidgenössische Departement für Umwelt, Verkehr, Energie und Kommunikation
W	Watt
Ws	Wattsekunde
Wh	Wattstunden
ZGB	Schweizerisches Zivilgesetzbuch

6.2.2 Tabellenverzeichnis

Tabelle 1: Monatliche Strahlung im schweizerischen Mittelland ... 14
Tabelle 2: Auswirkung von Preisveränderungen auf den Umsatz bei negativen Preiselastizitäten ... 29
Tabelle 3: Beispiel einer Free Cashflow Berechnungsmethode ... 31
Tabelle 4: Beispiel für einen Kostenvergleich ohne Liquidationserlös ... 32
Tabelle 5: Beispielangaben für einen Kostenvergleich ohne Liquidationserlös ... 33
Tabelle 6: Anspruchsgruppen und ihre Interessen ... 37
Tabelle 7: SWOT-Raster mit Beispielen von Probst und Wiedemann für einen Autohersteller ... 42
Tabelle 8: Ergebnis einer SWOT-Analyse mit Beispielen von Probst und Wiedemann für einen Autohersteller ... 43
Tabelle 9: Berechnung der Free Cashflows für die Ersten zehn Jahre ... 57
Tabelle 10: Berechnung des Unternehmenswertes mittels Barwerte für die ersten zehn Jahre ... 58
Tabelle 11: Vorgaben für den Kostenvergleich zwischen nheohybrid 400 und LED Speedstar ... 59
Tabelle 12: Kostenvergleich zwischen nheohybrid 400 und LED Speedstar ... 59
Tabelle 13: Standortbezogene Analyse für die benötigte Energie der nheohybrid 400 ... 64
Tabelle 14: Übersicht der Anspruchsgruppen und deren Interessen ... 68
Tabelle 15: Identifizierte Stärken, Schwächen, Chancen und Risiken ... 74
Tabelle 16: Entwickelte Strategien ... 77

6.2.3 Abbildungsverzeichnis

Abbildung 1: Gliederung der Arbeit ... 5
Abbildung 2: Aufbau einer Windkraftanlage ... 11
Abbildung 3: Windkarte der Schweiz aus dem Jahre 2011 ... 12
Abbildung 4: Jährliche Summe des GHI in der Schweiz ... 16
Abbildung 5: Montagearten von geneigten Solarmodulen ... 17
Abbildung 6: Leistungskurve der Windturbine von nheohybrid 400 ... 20
Abbildung 7: Auswertung der Präferenzen von Einheimischen gegenüber Ausländischen Produkten ... 27
Abbildung 8: Visualisierung der Umsatzveränderung bei einer linear sinkenden Preis-Absatz-Funktion ... 29
Abbildung 9: Das neue St. Galler Management-Modell ... 34
Abbildung 10: Fünf-Kräfte-Modell nach Porter mit den wichtigsten Kriterien ... 38
Abbildung 11: Die 18 Wichtige Erfolgsfaktoren gemäss PIMS ... 39
Abbildung 12: Marktforschungsmethoden ... 40
Abbildung 13: Auswertung von „Energiesparen ist für mich ein wichtiges Thema" aus der MACH Consumer Umfrage ... 61
Abbildung 14: Auswertung von „Für Strom aus erneuerbarer Energie bin ich auch bereit etwas mehr zu bezahlen" aus der MACH Consumer Umfrage ... 61

FSC
www.fsc.org
MIX
Papier | Fördert
gute Waldnutzung
FSC® C083411

Kolibri 360 GmbH
Ferdinand-Jühlke-Straße 7
99095 Erfurt, Deutschland
produktsicherheit@kolibri360.de

Druck:
CPI Druckdienstleistungen GmbH
im Auftrag der
Kolibri 360 GmbH
Ferdinand-Jühlke-Str. 7
99095 Erfurt